MILLENNIALS

O MUNDO É MELHOR

ROBSON SANTARÉM

MILLENNIALS

O MUNDO É MELHOR

QUALITYMARK

Direção Editorial	Produção Editorial
SAIDUL RAHMAN MAHOMED editor@qualitymark.com.br	**EQUIPE QUALITYMARK**

Capa	Editoração Eletrônica
MARKTEEN	**PS DESIGNER**

CIP-Brasil. Catalogação-na-fonte
Sindicato Nacional dos Editores de Livros, RJ

S224m

Santarém, Robson
Millennials : o mundo é melhor / Robson Santarém. – 1. ed. – Rio de Janeiro : Qualitymark Editora, 2017.
176 p. : il. ; 21 cm.

ISBN 978-85-414-0331-3

1. Liderança – Aspectos psicológicos. 2. Autogerenciamento (Psicologia). 3. Administração de pessoal. I. Título.

17-46042

CDD: 658.4092
CDU: 658:316.46

2017
IMPRESSO NO BRASIL

Qualitymark Editora Ltda.	www.qualitymark.com.br
Rua José Augusto Rodrigues, 64 – sl. 101	E-mail: quality@qualitymark.com.br
Polo Cine e Vídeo – Jacarepaguá	Tels.: (21) 3597-9055 / 3597-9056
CEP: 22275-047 – Rio de Janeiro – RJ	Vendas: (21) 3296-7649

Minha gratidão a todos os jovens a quem dedico este livro. De modo especial, aos queridos coautores, que já fazem história, à Rio Junior e à galera da UNESP de Ilha Solteira, que me possibilitaram experiências incríveis.

Gratidão a todos os amigos dos bons tempos da juventude. A amizade que construímos se tornou sólida e é fonte de energia que me renova continuamente.

Agradeço, ainda, ao amigo Saidul Rahman Mahomed, nosso editor, que tanto tem contribuído com o universo da gestão e desenvolvimento de pessoas, por acreditar e apoiar este nosso projeto.

Sumário

Prefácio IX

Para Começar XIII

Quem Somos? O que Queremos? 2
Augusto Júnior

Trabalhar com Propósito:
O Óbvio que Precisa Ser Dito 14
Hector Aragão Muniz e Barros

Servir para Transformar: Nosso Jeito de Liderar 24
Pedro de Vasconcellos Bezerra e *João Pedro Ferreira Gravino*

Um Novo Paradigma de Gestão 38
Pedro Nascimento

Exercendo a Liderança Feminina 52
Giovanna Loiola

Mídias e Millennials: Colaboração,
Autenticidade e Empoderamento 60
Gabriel de Oliveira Franco Castro Dias

Antes de Humano, Vem o Ser 72
João Paulo de Lima Braga

Diversidade em Foco 84
Lorena Antunes

O Caminho Espiritual 94
Pedro Pessôa Garcez de Aguiar

Protagonismo Jovem na Educação Brasileira 106
Renan Ferreirinha e *Gabriel Dolabella*

O que Fazemos Faz a Diferença 110
Bruno Souza e *Guilherme Lopes*

Vocação e Defesa da Vida 124
Maria Clara Alves Santarém

Carta para os Líderes do Futuro 132
Marcus Vinícius Barão Rocha (Marcus Barão)

Conclusão 139

Prefácio

Desde 2010, quando entrei em contato pela primeira vez com o capitalismo consciente nos Estados Unidos e conheci Raj Sisodia (Professor da Universidade de Bentley) e John Mackey (co-fundador da rede de varejo Whole Foods Markets), descobri dentro de mim um capitalista consciente inconsciente.

Comecei um negócio que vi como um grande desafio, entrei na área de rastreamento de alimentos. Depois de perceber o impacto que aquela atividade tinha na inclusão digital do produtor rural e em outros elos da cadeia produtiva, profissionalização da cadeia produtiva de alimentos, aporte de conceitos de gestão, custos e perdas, e por fim, mudando o nível de consciência de todos os envolvidos, percebi o impacto que o meu negócio tinha em toda essa gente, nas suas vidas e famílias.

Quando fui prospectar clientes nos Estados Unidos, a Whole Foods Markets me pareceu o cliente certo para entender a complexidade do nosso negócio e seu impacto. O acaso me levou diretamente a um artigo de John Mackey que falava de capitalismo consciente e seus quatro princípios. Foi nessa hora que fiquei consciente da forma como estava operando o meu negócio. Liderávamos uma grande transformação na cadeia produtiva de alimentos mudando o nível de consciência dos participantes em relação ao desempenho do produto por meio de mais transparência e compartilhamento de informações. Todos os envolvidos, ou *stakeholders*, perceberam resultados positivos, cada um ao seu tempo. Certamente o varejo foi o primeiro a registrar melhores resultados; no ano seguinte, os distribuidores; depois de três anos, o benefício começava a alcançar os produtores.

Do ponto de vista de um bom engenheiro, o que descobri experimentalmente foi que otimizar um sistema resulta em muito mais valor do que maximizar uma variável. Depois de muitos anos de consultoria maximizando o indicador mais relevante do CEO da empresa para atingir metas de curto prazo, a experiência de abrir um negócio e perceber o resultado alcançando todos os *stakeholders* é uma das mais gratificantes experiências que um profissional pode ter.

A minha inquietação vem desde cedo, mas a minha realização demorou um pouco para acontecer. Muitos jovens protagonizaram essa jornada organizada por Robson Santarém, que eu tive a honra de conhecer pessoalmente ao longo da minha jornada como cofundador do movimento capitalismo consciente no Brasil e por meio das interações com o Movimento Empresas Juniores Nacional e Regional.

O que se nota nessa geração, a qual eu pertenço, mais do que em nenhuma outra, é um maior nível de inquietação pessoal. Seja porque a tecnologia nos conecta mais, seja porque vivemos em níveis de consciência mais elevados, ou porque, efetivamente, estamos passando por um momento de grande transformação.

Aqui temos a oportunidade de conhecer líderes conscientes, que entendem o seu impacto na sociedade, comprometidos e interessados em criar uma nova realidade. Eles enxergam a possibilidade de empreender como uma chance para mudar algo no mundo, criar um negócio que resolva um problema, e não apenas ofereça mais uma alternativa ao mercado. São iniciativas com um propósito que vai além do lucro, iniciativas que veem o lucro como uma consequência do sucesso, e claro, nessa jornada, ninguém pode ficar de fora. O sucesso não é medido por apenas um indicador (maximização), mas sim pela otimização do sistema, de forma a geramos valor para todos os envolvidos. Como consequência, essas iniciativas vão gerar um comportamento coletivo em prol das causas/propósito que estão sendo lançados. Assim se cria uma cultura em que todos defendem a causa, todos vão em prol do propósito coletivo, e quanto maior o resultado coletivo, maior a força da causa, ou do negócio.

Por meio das histórias dos protagonistas que participam aqui, teremos a oportunidade de perceber, em maior ou menor profundidade, os princípios de um capitalismo mais consciente: liderança consciente, propósito maior, orientação para os *stakeholders* e, como consequência, a criação de uma cultura consciente. Veremos como a nova geração de jovens está mais preparada para entender a realidade e mais adaptada para realizar a grande transformação que a sociedade precisa. Estão aqui alguns dos grandes transformadores da sociedade, seja através de seus negócios, de suas organizações não governamentais e, quem sabe um dia, atuando, inclusive, no primeiro setor.

Fica aqui o convite para escutar e acolher este conteúdo de coração aberto e mente livre, de forma a apreciar as grandes oportunidades de transformação que estão por vir com a mudança do nível de consciência.

Abraço

Thomas Eckschmidt

Empreendedor, autor e palestrante

Cofundador do movimento Capitalismo Consciente Brasil

Coautor do livro *Fundamentos do Capitalismo Consciente Brasil* (Editora Voo 2016)

Coautor do livro *Conscious Capitalism Field Guide* (Harvard Business press 2018)

Link para TEDx

https://www.youtube.com/watch?v=_UIZoxQuIzQ

Para Começar...

Eu acredito é na rapaziada que segue em frente e segura o rojão
Eu ponho fé é na fé da moçada que não foge da fera, enfrenta o leão
Eu vou à luta com essa juventude que não corre da raia a troco de nada
Eu vou no bloco dessa mocidade...

Gonzaguinha

Já é lugar comum dizer que vivemos tempos de profundas e cada vez mais rápidas transformações em todos os âmbitos da vida. Na verdade, percebe-se que essas transformações são exponenciais e disruptivas. O desenvolvimento acelerado das tecnologias está promovendo mudanças nos governos, nas relações humanas e nos negócios, o que exige, de todos, novas habilidades.

Peter Diamandis, empreendedor visionário e criador da Singularity University, não só alerta para a importância de termos um pensamento otimista e adotarmos a mentalidade da abundância, como tem provado, com seus investimentos, o que é possível realizar e como a tecnologia tem contribuído para a evolução e melhores condições de vida, embora a maior parte da população mundial ainda não tenha auferido esses benefícios. É preciso investir na inovação, na conectividade e no desenvolvimento de negócios que sejam, de fato, mais inclusivos para, ao menos, atenuar a grande desigualdade existente no mundo. Não podemos ficar indiferentes! Para isso, precisamos de pessoas mais altruístas, éticas e comprometidas com o bem-comum!

Os autores do livro *Organizações Exponenciais* apresentam alguns dados que merecem atenção: há cerca de 10 anos, havia aproximadamente 500 milhões de dispositivos conectados à internet; calcula-se que, atualmente, esse número está em torno de oito bilhões e que, nos próximos três anos, chegará a 50 bilhões; em um futuro muito próximo, teremos um trilhão de dispositivos conectados à internet à medida que, literalmente, todos os aspectos do mundo estiverem habilitados para informação com a internet das coisas. Imagino o que as próximas gerações irão realizar se já estamos vivendo um processo de imensa disrupção em praticamente todos os segmentos da economia e da vida social. Sem falar dos efeitos indiretos que essa conectividade tem gerado e vai gerar ainda mais de mudança de comportamento...

O Papel dos Jovens na Transformação

Também sabemos que, ao longo da história, os jovens têm tido um papel crucial como agentes de transformação na sociedade. O idealismo, a inquietude, o vigor, a busca pelo novo e a determinação para realizar caracterizam esse período de nossas vidas e, assim, devemos um grande tributo a todos os jovens que provocaram, ergueram bandeiras e, como diz o poeta, foram à luta para construir um mundo melhor.

Se notarmos bem, tanto na história antiga como na recente, constataremos que a força da juventude esteve e ainda está presente nas grandes manifestações e em inúmeras situações que possibilitaram revoluções sociais, políticas, econômicas, culturais e religiosas. Poderíamos citar os jovens que resistiram e lutaram contra a ditadura aqui no Brasil e em tantos outros países, os "cara-pintadas" no final dos anos 80 do século passado, a Primavera Árabe e tantos outros movimentos sociais e políticos que entraram para a história, no mínimo, como corresponsáveis pelas mudanças.

Lembro-me de como meus amigos e eu, com nossos vinte e poucos anos de idade, incomodávamos a geração de nossos pais com nossos questionamentos e, mais que isso, como nos mobilizamos e agimos para fazer acontecer as mudanças que sonhávamos. O sonho de um mundo melhor e a consciência de que éramos responsáveis por construí-lo a partir da nossa realidade e do lugar em que estávamos nos levou a "arregaçar as mangas". Cometemos muitos erros, mas percebemos o quanto aprendemos em nossas reflexões. Em nossos encontros e reuniões, era comum, periodicamente, usarmos um método que contribuiu bastante para o nosso crescimento: a "revisão da prática", quando nos dedicávamos à análise dos nossas acertos e erros e em como poderíamos melhorar como grupo; e a "revisão de vida", que era o aprendizado pessoal, como a *práxis* poderia nos tornar pessoas melhores. Queríamos mudar o mundo... e estamos certos que mudamos o nosso mundo! Foram muitos os que nos inspiraram, que nos orientaram e contribuíram com suas obras para que nossas ações tivessem fundamento. Ressoa sempre em mim a frase de Eduardo Galeano: "Somos o que fazemos, mas somos muito mais o que fazemos para mudar o que somos".

Uma das grandes experiências da nossa vida, que ainda hoje nos energiza, foi a Pastoral da Juventude da Igreja Católica, que nos possibilitou não só a expansão da nossa consciência e o compromisso com a construção de uma sociedade justa e fraterna, mas, sobretudo, nos fez agentes de transformação.

Dentre as muitas ações que realizamos, destaco a experiência com a comunidade do Morro do Jurumenha, na cidade de São Gonçalo – RJ. Não só transformamos as condições das famílias e do ambiente, mas todos fomos transformados naquilo que Roberto Crema chamou de "a arte do encontro": Ninguém transforma ninguém e ninguém se transforma sozinho: nós nos transformamos no encontro" e que Paulo Freire, com quem tanto aprendemos, sabiamente afirmou na *Pedagogia da Indignação*:

> *O que quero dizer é o seguinte: na medida em que nos tornamos capazes de transformar o mundo, de dar nome às coisas, de perceber, de inteligir, de decidir, de escolher, de valorar, de, finalmente, eticizar o mundo, o nosso mover-nos nele e na história vem envolvendo necessariamente sonhos por cuja realização nos batemos. [...]. Se, na verdade, não estou no mundo para simplesmente a ele me adaptar, mas para transformá-lo; se não é possível mudá-lo sem um certo sonho ou projeto de mundo, devo usar toda possibilidade que tenha para não apenas falar de minha utopia, mas para participar de práticas com*

ela coerentes. [...]. É na condição de seres transformadores que percebemos que a nossa possibilidade de nos adaptar não esgota em nós o nosso estar no mundo. É porque podemos transformar o mundo, que estamos com ele e com outros.

Não pretendo fazer uma análise sociológica tampouco antropológica da juventude, mas afirmar a minha fé nessa galera. Minha atual experiência como educador, como *coach* e acompanhando o Movimento da Empresa Junior como mentor de muitas lideranças me fazem acreditar – apesar de alguns senões e equívocos próprios do pêndulo da história – que caminhamos para um mundo melhor.

Precisamos considerar que nessa categoria, cuja faixa etária foi convencionada dos 15 aos 29 anos, há também um contingente significativo de jovens alienados, sem acesso à educação e, portanto, sem condições dignas de vida e de participação efetiva no mercado de trabalho, outros tantos que são excluídos da sociedade e muitos que não encontram sentido na vida e nenhuma motivação no trabalho. Pesquisas revelam um alto índice de suicídios entre os jovens, além daqueles que sofrem de depressão e expressam ansiedade e insegurança elevadas e baixa autoestima, o que é assustador.

Nosso olhar precisa se voltar também para esses jovens que requerem uma ação efetiva, unindo recursos para que possam viver a vida com dignidade. É uma responsabilidade de todos, não só do Estado.

Libanio, em seu livro *Para Onde vai a Juventude?,* apresenta uma conceituação de duas dimensões da vida: a projetiva e a explorativa. Enquanto a explorativa leva as pessoas a buscarem experimentação para perceber a realidade, a projetiva está focada nas possibilidades do amanhã. O que se percebe – segundo as pesquisas do autor –, é que uma parcela significativa dos jovens vive essas dimensões de maneira cruel, porque não tem esperanças do futuro, não tem propósito de vida e muito menos uma utopia, o que pode levar a uma indiferença em relação às grandes questões que lhes afetam e a viver só do instante, curtindo os prazeres momentâneos, sem quaisquer perspectivas de longo prazo, seja na construção de um mundo melhor, na carreira profissional e até mesmo nos relacionamentos afetivos. Vivem momentos fugazes, inconscientes de suas responsabilidades e das consequências de suas ações.

Inseridos em um ambiente onde o estímulo ao individualismo, à competição exacerbada com foco no curto prazo e ao consumismo desenfreado, muitos jovens se sentem perdidos, sem referenciais positivos e o pior, correndo o grave risco da corrosão do caráter, como alertou Richard Sennett:

> *Caráter são os traços pessoais a que damos valor em nós mesmos, e pelos quais buscamos que os outros nos valorizem. Como decidimos o que tem valor duradouro em nós numa sociedade impaciente, que se concentra no momento imediato? Como se podem buscar metas de longo prazo numa economia dedicada ao curto prazo? Como se podem manter lealdades e compromissos mútuos em instituições que vivem se desfazendo ou sendo continuamente reprojetadas?*

Quando, há alguns anos, o querido e brilhante jovem Pedro Nascimento, recém-eleito para presidir a Rio Junior Federação das Empresas Juniores do Estado do Rio de Janeiro, surpreendeu-me com o convite para que eu fosse mentor das lideranças, perguntei-lhe o que exatamente esperava de mim. Sua imediata resposta não só me cativou e me encheu de alegria, como também revelou o grande ser humano que estava à minha frente: "Quero que ajude a formar o caráter dessa galera". Ele já sabia que o que faz alguém ser um líder de verdade é o seu caráter.

Creio na Evolução Humana

Não obstante os indicadores anteriormente mencionados, creio que vivemos um processo evolutivo e caminhamos para patamares superiores de consciência e, portanto, de melhorias para a vida. Se por um lado detectamos ameaças, perigos e riscos para a vida no planeta, por outro também observamos que até mesmo as crianças já expressam um comportamento diferenciado fruto de um modelo mental, eu diria, mais evoluído – estamos superando o pensamento binário-analítico-reducionista!

O processo de ampliação da consciência, assim como a história, não segue um fluxo linear, mas é crescente ao longo do tempo, o que nos permite acreditar que o poder da consciência reflexiva e da atenção plena proporciona as bases para a construção de um futuro sustentável. É dessa maneira que rejeitamos comportamentos contraproducentes e escolhemos modos de vida saudáveis para todos e, creio eu, podemos avançar ainda mais em nosso nível de compreensão humana, de solidariedade e cooperação para vencermos os desvios que a visão atrofiada e inconsciente tem gerado ao longo dos séculos.

A chave está em viver com consciência, já dizia o velho sábio Carl Jung, e de rever os nossos modelos mentais. Sobre isso, vale citar Peter Senge:

> *Na organização que aprende, o novo "dogma" será visão, valores e modelos mentais. As empresas saudáveis serão as que conseguirem sistematizar formas de reunir as pessoas para desenvolver os melhores modelos mentais possíveis para enfrentar qualquer situação que se apresente.*

Abandonar as verdades preconcebidas, "intocáveis" e aprender com o diferente, incluir novos saberes e perspectivas que possibilitem entender o universo "V.U.C.A.", que significa compreender a volatilidade, as incertezas, a complexidade e a ambiguidade desses tempos que exigem novos comportamentos e habilidades já preconizados por Edgar Morin.

Para esse grande pensador, entender a complexidade implica necessariamente em comportamentos de compreensão, respeito, acolhimento e, sobretudo, em atitude de escuta e diálogo com quem pensa diferente, como ele mesmo diz:

> *A compreensão humana comporta não somente a compreensão da complexidade do ser humano, mas também a compreensão das condições em que são forjadas as mentalidades e praticadas as ações. Os contextos culturais devem ser reconhecidos para compreender os pensamentos e os atos dos indiví-*

duos oriundos de diferentes culturas, das quais o sagrado, o tabu, o lícito e a honra nos são estranhos e estrangeiros.

Nesse contexto de mudanças paradigmáticas, os jovens se destacam como protagonistas que questionam e enfrentam o *establishment* e propõem um novo olhar e jeito de viver que sinalizam, de tempos em tempos, que o futuro vai se antecipando como um tempo cada vez melhor. Dialogar com essa geração é um dos melhores exercícios de ampliação da consciência e revisão de modelos mentais.

Não se trata de criticar os baby boomers, os "X" ou qualquer outro rótulo/comportamento, porque todos – cada qual em sua época –, vivemos a experiência do idealismo juvenil e, tenho certeza, contribuímos, cada um nas condições possíveis do seu tempo e de seus recursos, para tornar a vida melhor. E todas as gerações apresentam uma riqueza de conhecimentos, experiências e sabedoria que, compartilhadas, são um tesouro inestimável para as organizações, para a educação, enfim, para toda a sociedade.

Hoje, vemos os nossos filhos prosseguindo como agentes de transformação e com novos questionamentos e inquietações. O cenário é diferente, surgiram outros conceitos, novas visões de mundo e tecnologias que requerem outras habilidades e atitudes. Deixemo-nos interpelar por eles, temos sempre que aprender, sob o risco de ficarmos estagnados.

Criar o Futuro

Lembro de uma frase de Simone de Beauvoir: "A vida consiste ao mesmo tempo em perpetuar-se e em ultrapassar-se; se não fizer nada além de se manter, viver nada mais será que não morrer". Precisamos ultrapassar os limites que nós mesmos criamos. Precisamos transcender o olhar para compreender a vida como um processo evolutivo e que inclui, definitivamente, questões essenciais como a sustentabilidade, o respeito às diferenças, a espiritualidade, a integridade do caráter, a humanização, a cooperação, que nos estimula a cocriar de maneira mais saudável e inteligente, e a definição de um propósito que, me parece, precisa ser conjugado com o que chamávamos de "sonho": a utopia, que, como disse o citado Galeano, é o que nos faz caminhar.

> *A utopia está lá no horizonte. Me aproximo dois passos, ela se afasta dois passos. Caminho dez passos e o horizonte corre dez passos. Por mais que eu caminhe, jamais alcançarei. Para que serve a utopia? Serve para isso: para que eu não deixe de caminhar.*

Precisamos da utopia, do sonho, do propósito, de uma causa que nos mobilize, para a qual juntamos nossas energias, esforços, dons e competências e se torne fonte de realização. E quando essa causa é compartilhada por outras pessoas a ponto de congregá-las, ela se potencializa de tal maneira que os sonhos se tornam realidade. É o que disse o poeta Raul Seixas:

> *Sonho que se sonha só*
> *É só um sonho que se sonha só*
> *Mas sonho que se sonha junto é realidade*

Está aí uma tarefa para todos nós: buscarmos significado continuamente e com o espírito e energia da juventude nos movermos na direção de um futuro que todos temos o dever de criar. Que futuro será esse?

Um grande desafio é visualizar o que queremos e que caminhos devemos percorrer para que seja sustentável e que o bem-comum seja contemplado. A busca pelo bem-estar para todos deve ser uma prioridade. A experiência do Butão, com a sua política de Felicidade Interna Bruta (FIB), embora advinda de um pequeno país asiático, tocou no coração de muitas pessoas ao redor do mundo, inclusive, dirigentes empresariais começaram a rever seus conceitos sobre o que realmente importa. É preciso ressignificar o que entendemos por resultado e incluir novos parâmetros na gestão, que contemplem o bem-estar de todos: colaboradores, parceiros, clientes, comunidade, ambiente natural...

Gary Hamel, considerado o pensador de negócios mais influente do mundo, afirma: "Ao nos defrontarmos com os desafios complexos e singulares do século XXI, é bom lembrar que o mais importante agora é o que sempre importou: nossos valores fundamentais".

Creio que somos capazes de expandir a nossa consciência e incluir, cada vez mais, em todos os nossos relacionamentos – o que inclui o mundo dos negócios –, valores como transparência, diálogo, amor, lealdade, justiça, ética, enfim, o que de fato contribui para o bem-comum e o desenvolvimento sustentável.

A responsabilidade dos dirigentes empresariais e das lideranças de modo geral é construir organizações que sejam sustentáveis e saudáveis, sobre os sólidos fundamentos dos valores humanos.

Eminentes consultores, pesquisadores e autores como Richard Barrett, membro da World Business Academy, têm insistido na urgente e necessária transformação da cultura organizacional e no "jeito de liderar":

> *O mundo está buscando um novo tipo de liderança corporativa – uma que seja capaz de efetivar oportunidades de ganho inerentes a uma cultura corporativa que apoie responsabilidade social, administração ambiental e realização do empregado. [...] A transformação corporativa começa com uma mudança nos valores e comportamentos da liderança. Corporações não se transformam, pessoas sim. Transformação corporativa significa, fundamentalmente, transformação pessoal. E ela só vai acontecer se houver disposição da parte do líder e de todos os que detêm poder a viver de acordo com valores menos focalizados no interesse próprio e mais no bem-comum.*

Um crescente movimento, a partir da nova consciência advinda de estudos da biologia, da física quântica, da psicologia, da antropologia, das novas tecnologias e de tantos outros saberes, aponta para a premente necessidade de se rever os modelos de educação, de gestão e liderança.

Raj Sisodia, pesquisador e cofundador do Movimento Capitalismo Consciente Global, apresenta essa tendência, que tem sido assumida e implementada por grandes organizações multinacionais e nacionais e que se assenta na consciência de valores elevados, fazendo com que as lideranças e as culturas organizacionais sejam diferenciadas. Diz ele:

O Capitalismo Consciente tem quatro pilares ou princípios: propósito elevado além do lucro, criando valor para todos os stakeholders e integrando seus interesses, liderança consciente e cultura consciente. Os seus princípios refletem valores humanos universais: eles transcendem as diferenças de história, idioma, religião e cultura. Em seu âmago, essas ideias estão fundamentadas na dignidade humana, liberdade e cuidado. Elas se conectam com a profunda luta interna por sentido e propósito, que é a marca do zeitgeist contemporâneo. Elas refletem a fome e a determinação de jovens líderes de não serem confinados pelos cansados "dogmas do passado quieto", especialmente quando se trata de como devemos pensar e praticar os negócios. [...] A maioria de nós não precisa ser lembrada que vivemos em um mundo que está repleto de uma quantidade extraordinária de dor e sofrimento. Aliviar esse sofrimento e trazer mais alegria para o mundo deveria ser parte do propósito de vida de todo ser humano. Da mesma forma, cada empresa precisa ser um negócio que cura; se não for parte da cura, ela é parte do sofrimento.

Contribuição da Educação e das Tradições Espirituais

Gosto das histórias que nos remetem a reflexões que podem mudar a nossa vida. O sufismo – uma mística do Islã –, assim como Jesus ensinava com parábolas, apresenta seus ensinamentos com fábulas e personagens que nos provocam, um deles é famoso: Nasrudin.

Conta-se que certa vez ele estava andando a cavalo. O animal já estava faminto quando passou em frente a um armazém repleto de verduras expostas na calçada. O cavalo não teve dúvidas e parou para se fartar no banquete. Quando o dono do armazém viu a cena, ficou enfurecido e golpeou o cavalo de tal maneira que ele saiu disparado, fazendo com que Nasrudin perdesse o controle das rédeas. Um amigo, quando o viu o cavalo passar naquela velocidade, gritou para Nasrudin:

– Para onde que você vai assim?

– Eu não sei! Eu não sei! ... Ele é que sabe!... – Respondeu Nasrudin, apontando para o cavalo.

Essa é uma boa metáfora do comportamento humano. São muitos os que estão correndo por aí sem saber para onde estão indo. É o "cavalo" que está determinando o ritmo e o destino. A inconsciência do propósito não só faz ir para qualquer lugar, seguindo a música que diz "deixa a vida me levar", como também retira da pessoa o equilíbrio interior, o discernimento e a sabedoria, que dão segurança nas escolhas e decisões que devem ser tomadas.

Viver com consciência é essencial e ter clareza do propósito é determinante para escolher os caminhos e definir que comportamentos, habilidades, conhecimentos nos serão necessários para cumprir, com êxito, a missão a que nos propusemos.

Lembro-me dos encontros com Pierre Weil na UNIPAZ – Universidade Internacional da Paz, chamando-nos a atenção para o poder extraordinário da consciência: é ela que possibilita ter o controle – as rédeas – sobre nós mesmos e estarmos atentos ao que nos acontece. Como um observador desperto, capaz de observar o que está do lado de fora e, ao mesmo tempo, se dá conta do que passa interiormente.

A prática da meditação, que aprendemos na Formação Holística de Base, e tantas outras desenvolvidas por diferentes escolas e tradições, contribuem para desenvolver a atenção plena – *mindfulness* –, um maior nível de consciência, controle emocional, serenidade e outras qualidades essenciais para viver a vida mais plenamente, condição fundamental, também, para a realização profissional. É crescente o movimento de pessoas e organizações que têm investido para ampliar a consciência e o estado de atenção plena e os resultados apresentados não só pela ciência em termos de saúde e qualidade de vida, como aqueles específicos do ambiente organizacional: foco, melhor relacionamento interpessoal, criatividade e inovação têm sido destacados pelos praticantes e estudiosos da gestão e liderança.

Daniel Goleman, reconhecido por seus estudos sobre a inteligência emocional, afirma que "nossa capacidade de atenção determina o nível de competência com que realizamos determinada tarefa. Se ela é ruim, nos saímos mal. Se é poderosa, podemos nos sobressair".

Assim como a ciência, as tradições espirituais têm contribuído para a expansão da nossa consciência e para o desenvolvimento da atenção plena, de modo que, todos juntos e respeitando a riqueza da diversidade, podemos, a partir da sabedoria coletiva, criar imagens do futuro que sejam mobilizadoras e mecanismos para concretizá-las. Para isso, penso que precisamos deixarmo-nos interpelar por algumas questões existenciais:

- O que sou? O que meus comportamentos revelam sobre mim?
- Quem sou eu quando me percebo como plenamente humano?
- Que pessoa eu quero ser?
- O que precisa ser transformado em mim para ser essa pessoa?
- Qual é o meu propósito?
- Qual será o meu legado?
- Como posso contribuir para o bem-comum?

Quando reflito sobre a nossa responsabilidade como educadores, penso que esta só será cumprida se contribuirmos para despertar o ser humano que habita em cada um, isto é, quando todo indivíduo tiver consciência dos seus valores, do sentido da vida e do seu propósito no mundo e que seja, cada vez mais, sujeito de si, autônomo e crítico, sem jamais se submeter às forças que pretendem subjugá-lo, sejam elas externas ou internas, como os medos, inseguranças e crenças, que limitam a possibilidade da plena realização. Só assim será de fato indivíduo, isto é, íntegro e integrado, capaz de desenvolver as suas potencialidades e se tornar, também, agente de transformação. Como diz Morin, mais vale uma "cabeça bem-feita" – que sabe do seu propósito e por ele busca os saberes e como fazer as necessárias conexões –, do que uma cabeça cheia de informações sem sentido.

Li, certa vez, uma declaração de um grande educador que me tocou profundamente e a adotei também como parte da minha missão. Dizia Antonio Esclarín:

> *A educação não pode ser meramente um modo de ganhar a vida, mas tem de ser um modo de ganhar a vida para os outros, de provocar a vontade de viver com paixão, com sentido, com propósito, de viver deixando pegadas profundas na história e no coração dos outros.*

Aprendi e defendo que um líder e um educador, para serem efetivos, devem ser afetivos. Aliás, para ser líder precisa ser educador! Não se educa nem lidera sem afeto, quero dizer, sem respeito, sem o bem-querer, sem dar a devida atenção, sem escutar e contribuir para que o outro seja dono da sua própria história. É desse jeito que tenho buscado viver a minha experiência como educador – seja nos encontros com os jovens, com alunos da pós-graduação, nos workshops com líderes de diversas empresas e nas sessões de *coaching* com os executivos. As experiências são sempre memoráveis. Como diz Mihaly Csikszentmihalyi, fico em estado de FLOW. É muito gratificante saber que estamos cumprindo a missão. Certa vez, fui surpreendido por Max Orleans, aluno do MBA Gestão de Recursos Humanos, com esse depoimento em meu perfil do LinkedIn:

> *Todos nós já fomos, em algum dia, um jovem idealista que pensava em mudar o mundo. Contudo, como dizia Cartola: "O mundo é um moinho/Vai triturar teus sonhos, tão mesquinhos/ Vai reduzir as ilusões a pó". Com este choque entre a realidade e o sonho, surgem três pessoas: As que nunca mais irão buscar seus ideais; as que buscarão apenas quando estiverem mais velhas e as que se recuperam do choque e continuam perseguindo.*
>
> *Sem dúvida, o Robson se encontra no último grupo, porém, ele não apenas continua perseguindo suas convicções, como ajuda os outros dois grupos a se reerguerem e fazerem o mesmo que ele. Isso fica explícito em suas aulas que, além de motivarem, levantam questionamentos que fazem acordar o jovem idealista e cheio de energia que está guardado dentro de todos nós!*

Fiquei comovido com o jovem que resgatou sua energia. Educar, para mim, é muito mais do que transmitir informações, tem uma dimensão transcendente: facilitar o autoconhecimento, formar o caráter a partir da vivência dos valores essenciais e fazer emergir o Ser Humano em sua inteireza.

O imprescindível autoconhecimento para realizar-se como ser humano e a busca do sagrado para que seja plenamente humano são inerentes a todas as gerações, mas, com alegria, percebo cada vez mais que esse anseio tem sido crescente nos jovens que tenho acompanhado no serviço voluntário às Empresas Juniores. Com frequência tenho sido convidado a compartilhar experiências e reflexões sobre a importância da espiritualidade na vida e no ambiente de trabalho e me surpreendo positivamente pelo interesse da juventude em refletir sobre isso. Essa inquietação e busca pelo transcendente, que independe de qualquer vínculo com alguma religião, é um sinal de que caminhamos para um mundo melhor. Isso me energiza e renova a minha esperança!

Com Vocês... os Protagonistas!

É como educador e profissional atuante no mundo corporativo, como consultor em gestão de pessoas e *coach* executivo que proponho esta reflexão: escutemos essa geração! Deixemo-nos interpelar por esses jovens! Sei que estão receptivos ao aprendizado, que querem interagir e têm muito o que aprender, no entanto, há algo de novo no ar, um *mindset* que nos chama a repensar nossos velhos paradigmas e nos estimula a seguir nesse fantástico processo evolutivo da vida. Por isso convidei jovens incríveis que estão fazendo história. Prestem atenção ao recado que estão dando:

- Augusto Junior, com sua fantástica experiência, nos ajudará a entender melhor quem são e o que querem esses jovens chamados de millennials e que já participam, ativamente, das Organizações.
- Hector Muniz decidiu empreender a sua empresa de marketing e, apesar do pouco tempo, já está colhendo os frutos da sua determinação. Com um estilo peculiar de ser, ele

relata a sua experiência e o que entende por trabalhar com propósito.

- Pedro Bezerra & João Pedro Gravino, coordenadores da ONG TETO, atuam em comunidades carentes construindo moradias para a população de baixa renda e relatam as suas experiências enquanto líderes servidores. Eles transformam e são transformados!
- Pedro Nascimento é I N C R Í V E L! Sua inteligência, liderança, capacidade de realização, entre outros atributos, fazem dele um talento admirável. Seus estudos e práticas sobre novos paradigmas e modelos de gestão nos ajudam a entender o que precisa ser feito.
- Giovanna Loiola, primeira jovem mulher a ser eleita para presidir a Rio Junior, com grande talento promoveu significativas mudanças e, inspirando muitas universitárias, reflete sobre a liderança e o empoderamento feminino, tema fundamental para as empresas!
- Gabriel Dias é outro talento que faz uma análise bem fundamentada sobre o impacto das novas mídias na vida de todos nós. Para refletir!
- João Paulo Braga, um jovem fascinante e fascinado pelo ser humano e por aprender sempre mais, como um bom contador de histórias reflete sobre o seu aprendizado e o que entende sobre Ser humano.
- Lorena Antunes nos instiga a refletir, com seriedade, sobre a questão da diversidade. Faz isso com sensibilidade, contando a sua história e nos presenteando com poesias. Abramos o coração!
- Renan Ferreirinha & Gabriel Dolabella, criadores do Mapa da Educação, que tem promovido uma grande mobilização dos políticos, educadores e empresários em prol da educação, defendem o protagonismo do jovem na educação.
- Guilherme Lopes & Bruno Souza, inspirados em projetos avançados de Educação, criaram um curso que tem impac-

tado a vida de muitos jovens na região de São Gonçalo. O que eles fazem faz diferença!

- Pedro Garcez Aguiar, de um jeito muito especial conta a sua busca por autoconhecimento e prática da espiritualidade e a importância de cultivar essa dimensão para ser plenamente humano e melhorar o mundo.
- Maria Clara Santarém, bióloga, doutoranda em Biodiversidade e Saúde, com vários artigos científicos publicados e apresentações em congressos científicos no Brasil e exterior, conta a história de como despertou e desenvolveu sua vocação em defesa da vida.
- Marcus Barão, com a sua grandeza de alma, escreve uma carta para os líderes do futuro, que já se faz presente.

Tiro o meu chapéu para cada um deles. Tiro o meu chapéu para essa juventude!

Augusto Júnior nasceu em 1988, em Fortaleza – CE, mas mora em São Paulo há sete anos. É evangelista da energia jovem na Eureca, apaixonado pelo Brasil e um entusiasta da juventude.

Meu propósito é ajudar a inspirar e desenvolver o potencial de liderança dos jovens para empreenderem as transformações que o mundo precisa.

Quem Somos? O que Queremos?

O coração de vocês, coração jovem, quer construir um mundo melhor. Os jovens nas estradas; são jovens que querem ser protagonistas da mudança. Por favor, não deixem para outros o ser protagonista da mudança! Vocês são aqueles que têm o futuro! Vocês Através de vocês, entra o futuro no mundo. Também a vocês eu peço para serem protagonistas dessa mudança.

Papa Francisco

Fábio Barbosa, ex-presidente do Banco Santander, do Grupo Abril e hoje membro do conselho do Instituto Ayrton Senna, Endeavor, ONU e atual responsável pelo Itaú Social, sempre repete: "Não deixamos um mundo melhor para nossos filhos, mas deixamos filhos melhores para o mundo". Acredito que esse é o maior legado da Geração X e Baby, mas o que significa "filhos melhores para o mundo"? Significa que essa galera que está empreendendo e chegando ao mercado de trabalho está chegando com um *mindset* diferente, com muito mais consciência, um olhar mais colaborativo, mais sustentável, mais empático. *Boomer,* pois foram as gerações que inspiraram os jovens de hoje a serem quem são. Mas quando se fala de geração é muito perigoso ir para os extremos estereótipos. Não podemos demonizar essa geração apontando críticas atrás de críticas, como também não podemos endeusá-los. Como todas as outras gerações, a nossa tem qualidades e defeitos, pontos positivos e pontos que precisam ser melhorados, e dentro dessa geração existem infinitas variedades de perfis com inclinações para todas as outras gerações.

Conheço millennials com características da geração Alfa, Baby Boomer e Geração X. O olhar precisa ir além da idade, é necessário analisar também o contexto de mundo e o contexto cultural. Quando penso em gerações, gosto da explicação do antropólogo Michel Alcoforado, CEO da Consumoteca, que em uma palestra no CONAREC compartilhou alguns dados de uma pesquisa que conduziu e nos ajudam a entender melhor essa galera. Ele explica que olhar para gerações "é como observar vagões de trem: aqueles que estão no mesmo vagão estão sob as mesmas condições de espaço e caminho, mas isso não significa que são iguais".

Tenho tido o privilégio de trabalhar especificamente com universitários e jovens talentos nos últimos quatro anos, estou semanalmente com eles em eventos, workshops e processos seletivos por meio da Eureca. Eu sempre saía de eventos em que o tema MILLENNIALS era tratado como algo triste e reflexivo, pois a abordagem que traziam para a nossa geração sempre era de conotação negativa. Sempre se falava sobre a "geração nem-nem" (nem estuda, nem trabalha), geração "mimimi", geração tudo sonha e nada realiza, geração ansiosa, geração irresponsável, geração indisciplinada, geração que não respeita hierarquia. Ouvia estudos, análises e muitos exemplos sobre esse perfil e, de fato, quando eu olhava para os jovens com os quais interagia, notava alguns com essas características, mas ao mesmo tempo eu via, por exemplo, o que o CEO Global da Deloitte falou depois da pesquisa *Millennial Survey*, realizada em 29 países:

> *Quando pensam nos seus objetivos de carreira, os millennials mostram-se hoje tão interessados em saber como as empresas desenvolvem as suas pessoas e contribuem para a sociedade, como nos seus produtos e lucros. Estes resultados devem ser vistos como um sinal para a comunidade empresarial, particularmente dos mercados desenvolvidos, de que é necessário alterar a forma como se relaciona com os talentos da geração Millenial ou corre o risco de ficar para trás.*

Outro exemplo é a pesquisa realizada pelo Fórum Econômico Mundial, que mostra que os millennials estão preocupados com as mudanças climáticas, são *workaholics*, empáticos e solidários. Ao olhar novamente para a galera com a qual eu interagia, pude perceber que existiam vários jovens que também tinham essas características. Comecei então a fazer um exercício para subdividir esses jovens que eu conhecia e acredito que pode ser útil aqui.

Dentro dos millennials e dentro de todas as outras gerações iremos encontrar pelo menos quatro tipos de perfis diferentes:

- *Outliers* – O primeiro perfil são os foras de série, aqueles jovens fora da curva, altamente inspiradores, são focados e querem mudar o mundo, mas também são altamente pragmáticos e já estão gerando valor nas organizações. São ativos em movimentos estudantis, têm um elevado nível de consciência, são solidários e gostam de trabalhar com diversidade. Para inspirar e engajar essa galera, você precisa reconhecer as entregas e, ao mesmo tempo, aumentar o desafio para que possam continuar gerando valor.
- Potenciais – São aqueles para os quais você olha e diz: "esse vai longe". Têm uma grande vontade de fazer a diferença, assim como muita paixão e sonhos grandes. O *driver* principal é o aprendizado e o desenvolvimento. Para desenvolver essa galera, você precisa de referenciais e capacitação.
- Comuns – Ninguém gosta desse termo, mas aqui são os de média sete, os medíocres que só fazem o que foi pedido, não sonham grande, não têm tanto interesse nas coisas, usam a lei do mínimo esforço. Aqui está a maioria. Para conseguir despertá-los a dificuldade já é um pouco maior, pois eles não têm talento nem vontade. O caminho é inspirar e mostrar aonde podem chegar.
- Retardatários – Esses são os que não querem nada. São os que, além de não querer, atrapalham e influenciam os que querem. Esses aqui são os verdadeiros "nem-nem". O único detalhe é que alguns são retardatários, por falta de vontade e outros por falta de oportunidade, não têm acesso e não sabem que existe esse mundo de possibilidades que temos.

Essa rápida análise e divisão em quatro perfis me ajudava, pois quando encontrava pesquisas e especialistas falando características da nossa geração eu conseguia filtrar e distribuir dentro dessa perspectiva. O ponto, aqui, é que nenhum desses perfis de jovens é definitivo: você consegue transformar o nível em que está e subir, o que certamente vai requerer um compromisso e uma grande disciplina. Meu objetivo, aqui, é trazer essa perspectiva dos potenciais e *outliers,* que que estarão |à frente das nossas organizações nos próximos 15 anos, segundo o que acredito.

Este ano tive o privilégio de ser colunista no Vlog da Revista HSM Management, a principal revista para executivos do país, e mensalmente respondo às perguntas dos internautas. Uma das perguntas foi: "Na visão dos millennials, quais são os maiores defeitos dessa geração? ". Foi uma pergunta bacana, pois pude conversar com a galera da nossa geração. Independentemente do perfil, compartilharei os que mais se evidenciaram:

- **Imediatismo:** nossa geração é acostumada com tudo *fast,* instantâneo, em uma velocidade muito rápida, mas nem sempre, na vida, as coisas acontecem em três minutos como o macarrão instantâneo. Existe um processo, tempo, uma jornada. Essa dificuldade de enxergar o longo prazo gera, por exemplo, um dos maiores problemas da nossa geração, que é a ansiedade: não sabemos esperar e sofremos com isso. Alguns exercícios para melhorarmos isso é a presença (estar sempre presente no presente) e o outro é não se comparar com os demais, pois essa comparação pode gerar ansiedade e frustração.
- **Falta de foco**: a todo momento somos bombardeados com inúmeros estímulos, queremos fazer tudo ao mesmo tempo e isso gera frustração, pois acabamos não fazendo nada com excelência: os projetos ficam pela metade e não fechamos os ciclos. Aqui vale um exercício de prioridades e focar naquilo que de fato importa no momento.
- **Falta de pragmatismo**: nossa geração sonha muito e sonha grande, mas tem dificuldade de colocar essas ideias em ação e em tirar os projetos do papel. O grande exercício, aqui, é continuar sonhando muito grande, mas ao mesmo tempo fazer microações para tirar as ideias do papel.

Apesar desses defeitos fazerem parte da nossa geração, repito que não necessariamente se adequam a todos jovens millennials.

Acredito que as principais qualidades dessa galera são:

- **Acreditar em utopias**: os millennials acreditam que são capazes de mudar o mundo, é uma galera que tem um olhar cheio de esperança. Essa geração é engajada em causas políticas, está preocupada com questões ambientais e faz algo para transformar.
- **Capacidade de trabalhar em rede de forma colaborativa:** acredito que esse é um dos efeitos positivos da internet e das redes sociais. Essa qualidade é essencial para o contexto de mundo altamente digital e tecnológico que estamos vivendo, pois, em uma sociedade tão global e diversa, essa capacidade é fundamental para a próxima geração de líderes.
- **Consciência:** a nossa geração é uma geração mais consciente, pensa no global, nos impactos que são gerados para todos os *stakeholders*. Por exemplo, "segundo pesquisa da *Nielsen Estudo Global* 2013/2016, 73% dos millennials estão dispostos a pagar mais por marcas sustentáveis".

Até aqui a ideia era desmistificar alguns pontos sobre os millennials e trazer algumas reflexões sobre essa galera. Agora, quero contextualizar um pouco o mundo que estamos vivendo e, depois, fechar apontando o que os millennials podem trazer de transformações para as organizações e para o mundo.

Vivemos um momento de mundo singular, um tempo em que as mudanças são inúmeras e constantes. O diretor de Marketing e Ambientes digitais da Tecnisa, mentor da Endeavor e professor do Insper, Romeo Busarello, diz que não vivemos uma época de mudanças, mas uma mudança de época, um mundo extremamente dinâmico. Vivemos o que os especialistas chamam de "3X4", que representa a 3ª Onda da Internet e a 4ª Revolução Industrial. Alguns dos desdobramentos da tecnologia que se tornam cada vez mais presentes em nosso cotidiano são a internet das coisas, a impressão 3D, a inteligência artificial, a nanotecnologia, a realidade virtual e aumentada, o *bitcoin* e o *blockchain*. Agora, pense que toda essa inovação, antes considerada inatingível, está apenas em seu estágio inicial e que as suas transformações crescerão de forma exponencial e não linear. Isso significa que não temos ideia do salto tecnológico pelo qual vamos passar nos próximos anos. Nos eventos em que tenho participado tenho dito que estamos vivendo, hoje, a intersecção de três eras:

- **Era da consciência**: as pessoas e as organizações estão mais preocupadas com os impactos deixados no meio ambiente, com a felicidade, bem-estar e saúde.
- **Era da complexidade**: tudo é difícil, sistêmico, possui muitas variáveis e muitos pontos interligados. Bob Johansen, autor do livro *Leaders Make the Future* (em tradução livre, Líderes que Fazem o Futuro), descreve o mundo em que vivemos como V.U.CA – abreviação para um mundo Volátil, Incerto, Complexo e Ambíguo, ou como o sociólogo polonês Zygmunt Bauman explicou, tempos líquidos.
- **Era exponencial:** Gordon Moore, na época chefe de pesquisa da Fairchild Semiconductor e posteriormente um dos cofundadores da Intel, em um artigo de 1965 mostrou que a cada ano a capacidade de processamento de um chip dobrava e o custo de produção permanecia o mesmo, ou seja, enquanto o tempo é linear, a tecnologia avança de maneira exponencial. Isso significa que, de maneira linear, em 20 passos você chega ao portão da sua casa, mas no mundo exponencial, em 20 passos você dá uma volta ao mundo.

O único ponto é que estamos vivendo a Era exponencial, Era da complexidade e Era da consciência ao mesmo tempo, e nesse contexto as organizações, as empresas e os governos irão precisar de uma transformação que os millennials poderão trazer.

Acredito que a transformação que os millennials irão trazer para o mundo e para as organizações vai ser com a consciência do propósito. Falar esse termo, hoje, parece ser algo batido, pois todo mundo, a todo momento, tem falado sobre propósito, mas o que significa dizer que essa vai ser a grande contribuição dos millennials?

Significa dizer que teremos empresas mais humanizadas – acho que a nossa geração vai conseguir mostrar que pessoas não podem ser tratadas como mais um número, mas que elas são únicas, cada uma com sua história e seus medos, anseios, expectativas e dificuldades.

Trazer propósito para as organizações significa dizer que as empresas terão mais empatia. Um dia estava conversando com uma amiga que, ao participar da elaboração de um projeto da área em que trabalhava, disse que que era necessário conversar com as pessoas que seriam impactadas na ponta com o intuito de entender, de fato, as necessidades e os desejos deles, e assim criar a melhor solução. Segundo ela, essa era uma premissa básica. Quando falou isso na reunião, todos olharam para ela com grande surpresa. Acredito que a grande inovação que podemos trazer é justamente essa capacidade de ouvir e se conectar genuinamente com as pessoas, sendo elas clientes externos, clientes internos, equipes ou lideranças.

Trazer propósito para as empresas também significa trazer consciência da responsabilidade com todos os *stakeholders*. Lembro de uma situação inusitada em que jovens estavam em uma competição de uma grande multinacional e, na apresentação dos desafios, um dos diretores questionou uma abordagem, perguntando se ela iria, por exemplo, diminuir os ganhos dos acionistas já que, enquanto diretor, ele não estava disposto a fazer essa escolha. O jovem respondeu que seu lucro pessoal não poderia prejudicar o restante das pessoas e do planeta.

Ter propósito tem relação com as bandeiras que você levanta. Essa geração tem causas e sabe quais bandeiras quer levantar. Este ano fui selecionado pelo Fórum Econômico Mundial para fazer parte dos Global Shappers – o desdobramento do Fórum para jovens com menos de 30 anos com o potencial de mudar o estado do mundo. Tive o privilégio de encontrar jovens encantadores e com um alto potencial de transformação. O que mais me chamou atenção foi perceber que todos eles tinham bandeiras muito claras e usavam isso como catalisador da transformação: gente apaixonada pela periferia, como o Miguel Da Hora, que tem o projeto Projetistas Periféricos em Osasco, ou o Douglas Giglioti, que faz parte da Reconectta, empresa que trabalha sustentabilidade para educação básica. Podemos citar também o Eduardo Lyra, de Poá, que criou o projeto Gerando Falcões e hoje já alcançou mais de 100.000 jovens e crianças. Poderia citar muitos outros aqui: Caio Dib, apaixonado por educação; a Juliana Cardoso, apaixonada por política; Liziane, que tem potencializado negócios sociais.... Esses são apenas alguns exemplos que mostram que essa galera vai levar essas bandeiras para as organizações e para o mundo e, dessa forma, transformar.

Ter propósito é pensar no longo prazo, mas nossas organizações trabalham para atingir os resultados do trimestre, a conta sempre é pensada nos próximos meses. Tive a oportunidade de entrevistar Emerson de Almeida, fundador da Fundação Dom Cabral, e ele ressaltou que precisamos de organizações que perdurem pelos próximos 100 anos, ou seja, é necessário pensar na longevidade das organizações.

Minha expectativa é de que essa galera que vem chegando traga essas perspectivas e transforme, de fato, as organizações de dentro para fora, pois do jeito que estamos hoje, nosso planeta não vai aguentar. Este ano criamos um prêmio com a Harvard Business Review Brasil, que tem como objetivo reconhecer jovens que estão fazendo transformações dentro das organizações. São jovens de todo o Brasil que escolheram empreender suas carreiras dentro de multinacionais, empresas de alto crescimento e até empresas familiares e, por meio dessas organizações, estão gerando valor, alcançando resultados e transformando. Tivemos inscritos do Brasil inteiro, e o que mais me encanta é perceber que, de fato, essas transformações acima já são realidades para essa galera que está participando do Valuable Young Leaders. Eles querem redefinir o significado do que é sucesso. Entendo que a transformação que eles irão gerar será aos poucos, por exemplo, o conceito de liderança, que vai deixar de ser uma posição imposta para ser algo que vai emergir da organização. As empresas serão mais horizontais, o trabalho será mais colaborativo e acredito até em uma visão onde concorrentes irão unir forças para trabalhar juntos. Sempre falamos para os inscritos: "Ser um Valuable Young Leaders é você conseguir gerar valor para a organização e para os outros agentes de maneira constante e sem atalhos".

Indo para o fechamento dessa breve reflexão sobre os millennials, que teve por objetivo refletir quem somos e o que queremos, somos uma geração que vive em um momento singular na história da humanidade por estarmos no centro de uma das maiores transformações que o mundo vai acompanhar. Somos nativos digitais, ou seja, somos a primeira geração que nasceu com as tecnologias digitais, somos cheios de defeitos e qualidades, mas queremos e iremos transformar o jeito como as organizações agem. Essa transformação vai ser por meio da expansão da consciência e do significado que o propósito vai trazer, com microrrevoluções que, no longo prazo, trarão grandes resultados. Somos uma geração privilegiada, pelo contexto tecnológico que pudemos acompanhar e, principalmente, por toda a estrutura que as outras gerações construíram para chegarmos até aqui. Agora, nossa responsabilidade é mudar a forma como as coisas são para que elas continuem sendo. Somos o ELO geracional e temos essa responsabilidade, pois tivemos o privilégio de termos tido os valores que nossos pais nos passaram.

Estava conversando com Dario Neto, um grande irmão, que trabalha comigo e hoje é o CEO da Eureca, fundador do Grupo Anga e membro do Conselho do Capitalismo Consciente Brasil. Ele disse: "O que me move a empreender e trabalhar todos os dias é ver o tamanho dos problemas que temos no mundo e saber que temos a responsabilidade diante dessas circunstâncias. Dinheiro, na verdade, não é o mais importante, existem outros milhares de indicadores que precisamos trabalhar. Não podemos ser medíocres e pensar apenas no curto prazo ou no sucesso individual, chegou o momento de pensarmos grande, pensarmos na humanidade e no planeta". Acho que essa fala dele representa um pouco do que eu quis trazer aqui: algo para inspirar a minha geração a não aceitar as coisas como são, mas transformá-las pela transformação da sua mente. Quis também mostrar aos gestores que falar dos millennials sempre tem os dois lados e que precisamos da ajuda deles para conseguirmos maturidade, pois não temos experiência e não sabemos o caminho. Não dá para ficar nessa discussão rasa, dizendo que a geração A é melhor que a geração B ou apenas estereotipando os defeitos. Vamos unir forças em busca de fazer o melhor para o mundo ou não teremos volta.

O que essa geração quer é um espaço que possa ser protagonista e fazer a diferença, líderes que possam inspirá-los, desafios e reconhecimento.

Alguns links para se aprofundar:

- http://www.conarec.com.br/2017/09/14/conheca-tres-perfis-representam-geracao-millennial/
- https://www.weforum.org/agenda/2017/08/global-shapers-survey-2017-5-things-we-learned
- https://www2.deloitte.com/pt/pt/pages/human-capital/articles/geracao-millennial.html
- http://www.goldmansachs.com/our-thinking/pages/millennials/
- http://www.ascoferj.com.br/noticias/millennials-geracao-do-mais-e-do-agora/
- https://www.ted.com/talks/rainer_strack_the_surprising_workforce_crisis_of_2030_and_how_to_start_solving_it_now?language=pt-br
- https://www.youtube.com/watch?v=Fol_YC_4g

Hector Aragão Muniz e Barros, nascido em 1991. Sócio da GorillaBrand.

Meu propósito: ser uma zona de conforto para quem está ao meu redor.

Trabalhar com Propósito: O Óbvio que Precisa Ser Dito

Em qualquer lugar que você puder viver,
você pode ter uma boa vida.

Marco Aurélio

Perguntas Inconvenientes

Qual é o seu propósito? Qual é a sua missão? O que você veio fazer aqui? Você deve ter ouvido essas perguntas muitas vezes nos últimos anos. E imagino que isso deva lhe causar um certo mal-estar.

Desde que nascemos (na verdade, desde a Revolução Industrial, no final do século XIX), somos bombardeados com a mensagem de que, para sermos pessoas felizes, bem-sucedidas e plenas, devemos comprar os signos semióticos responsáveis por garantir esses endossos – carros, roupas, joias, celulares etc. Fomos programados para acreditar que a felicidade se resume em ter.

Eu não sabia responder a essas perguntas, consequentemente, não sabia o que queria ter e, com isso, eu não podia ser feliz. Como é possível eu não conseguir responder a uma pergunta tão importante? Todo mundo deveria saber qual é seu propósito e sua missão. E viver a vida em função disso, afinal de contas, todas as pessoas felizes, bem-sucedidas e inspiradoras sabem, não é?

Bom, aos 19 anos, pensei que estava diante de uma grande descoberta:

"Putz! É isso que eu quero fazer para o resto da vida. "

Achei que, finalmente, tinha conseguido tudo o que eu queria ao entrar na faculdade.

"Deus do céu" – pensava –nunca mais vou me sentir um ninguém quando me perguntarem: O que você vai fazer da vida? "

Que peso eu tirava das costas! Naquele momento, estava completamente aliviado, mas o alívio não durou muito. Alguns dias depois, eu já estava me questionando sobre aquela descoberta e tantas outras. Na realidade, a faculdade me abriu um campo tão grande de possibilidades que nem valeria a pena contar quantas vezes eu mudei de ideia sobre o que faria para o resto da vida.

Eu simplesmente não conseguia escolher um norte para seguir. Não que eu não me interessasse por nenhum–*quase todos me atraíam*.

"Estou fazendo o trabalho que nasci para fazer? "

A resposta dessa pergunta costuma vir na forma de conselhos. Dizem que, para amar seu trabalho: "Você primeiro encontra a sua paixão. Depois, acha um jeito de ganhar dinheiro com ela". Ou: "Faça o que ama e não precisará trabalhar nenhum dia na vida...". Essas frases já foram creditadas para todos os sábios e gurus que vocês possam imaginar. A ideia é tão recorrente que ganhou até apelido: a famigerada "**hipótese da paixão**". O criador dela, Calvin Newport, explica: "essa hipótese diz que o segredo para a felicidade ocupacional é primeiro encontrar o que você ama e depois um trabalho que se encaixe com essa paixão". Resumindo, você tem uma paixão preestabelecida e existe uma vaga por aí que é perfeita, que valoriza seus pontos fortes, que faz aflorar todo seu potencial e que vai lhe fazer "ter" tudo aquilo que sempre sonharam para você. Você deve "encontrar-se" e, depois, criar coragem para largar tudo e correr atrás dela.

Na teoria é lindo e faz muito sentido. Contudo, na prática, esse *match* entre você e a vaga perfeita só vai fazer com que se questione: "qual é a minha paixão / o meu propósito? ". Possivelmente, você vai ser transportado a outras perguntas mais profundas, como "o que eu realmente amo? ". "Será que é esse o meu real propósito? ". Será que é essa a atividade que eu vim aqui, ao mundo, para fazer?". "Será que é isso que eu devo fazer pelo resto da minha vida?".

Essas perguntas serão responsáveis por momentos de angústia e ansiedade. A maioria esmagadora delas é impossível de responder. Nossa percepção pode variar demais, dependendo dos estímulos aos quais somos expostos, por exemplo. Qualquer trabalho sério de autoconhecimento deveria durar, pelo menos, um monte de anos, entretanto, tentando facilitar o raciocínio, tem uma pergunta que me ajuda demais: "**Eu tenho vontade de fazer isso hoje / agora? ".** Se você consegue responder a essa pergunta, provavelmente vai ficar bem com as suas escolhas, sem ficar preso a um mantra que vai reger o restante da sua vida.

O acaso sempre deverá ter o protagonismo na nossa vida. Para a maioria de nós, vai ser assim: *Nada fazia sentido. Até que tudo fez.*

Dados e Fatos que Mostram que Somos Iguais

Há mais de 20 anos o governo americano vem fazendo análises de dados relacionados à carreira. Em 2016, cerca de 63% das pessoas entre 18 e 35 anos estavam em seu emprego há 13 meses ou menos. Se olhássemos para os anos 2000, teríamos uma proporção parecida.

Enquanto isso o LinkedIn levantou que nos EUA estima-se que, **aos 32 anos, uma pessoa já terá trocado de emprego, em média, umas quatro vezes.** "É o novo normal", segundo uma reportagem da CNN.

Existem muitos estudos que ainda conflitam em responder se as novas gerações são ou não mais fiéis às suas posições. No entanto, todos vão paro mesmo ponto: *é normal trocar bastante de emprego quando se é "jovem"*. E isso não é ruim.

De acordo com a estimativa publicada pela *Forbes,* o aumento médio no salário que alguém recebe ao trocar de emprego está entre 10% e 20%, contra 1% de aumento de quem fica no mesmo "lugar". A publicação mostra ainda que, quem fica por mais de dois anos no mesmo emprego/empresa, na média, costuma receber cerca de 50% a menos ao longo de 10 anos. Logo, trocar de emprego não é algo necessariamente ruim, além de abrir novas portas e conhecimentos. Para aqueles que se desenvolvem mais rápido, os ciclos devem ser cada vez mais curtos nas empresas (ou seja, passam menos tempo no mesmo cargo). Isso vem sendo estudado e sendo apontado como algo cada vez mais corriqueiro.

Para finalizar, a renovação do mercado é algo que vem puxando cada vez mais essas mudanças. Estimativas apontam que 65% dos estudantes de hoje vão trabalhar em vagas que nem sequer existem ainda. Isso só prova que essa dita instabilidade entre setores, cargos ou empresas não é mais um diferencial, mas sim uma necessidade. Esses dados nos levam ao fato de que: nossa geração não está *atrás de um trabalho que seja perfeito, mas sim de um que simplesmente devolva o direito de ter um propósito.*

Muitas empresas e vagas não falam a mesma língua de quem vai trabalhar lá. Tanto se fala de propósito, de engajamento, de "vestir a camisa", que bastou chegar uma leva de pessoas um pouco mais inconformadas que essas estruturas pararam de funcionar. O que pode ser visto como uma rebelião juvenil de jovens sem causa é justamente o contrário, nós não temos aceitado desperdiçar a vida sem sentido.

Essa geração vem mostrando que gosta de caos e desafios, só que as organizações confundiram toda essa energia com "metas abusivas" que afastam mais do que contribuem.

Colocar somente o próprio bem-estar (da empresa, do gestor) antes de aceitar ou propor um desafio acabará empurrando todo mundo para uma direção de decisões ruins.

A Culpa não é só do Mercado e das Empresas

Um estudo feito com universitários canadenses em 2002 mostrou que 84% deles tinham uma paixão, porém somente 4% dessas paixões tinham relação com a carreira. Ou seja, *paixões preexistentes e relacionadas à carreira são raras*, mesmo na universidade.

"O que Você quer ser quando Crescer?"

Outro estudo, dessa vez britânico, mostrou que cerca de 6% dos adultos acabam trabalhando com o que sonhavam na infância. Uma informação interessante é que se a profissão outrora sonhada for associada a um estereótipo do seu gênero (como bombeiro ou modelo), a chance de essa ser a sua carreira é duas vezes maior.

Nossas preferências são bizarramente influenciadas pelo contexto escolar, geográfico e pelo gênero. O que quer dizer que esses sonhos costumam ser menos uma expressão da nossa personalidade e mais do contexto que tivemos/vivemos.

Aceitar que os sonhos de criança não são mais importantes do que aqueles que você sonha hoje é bem difícil, mas não tem porque trocar os sonhos de hoje pelos de ontem; logo, a pergunta "o que você quer ser quando crescer?" soa quase como inútil. Pode servir, na maioria das vezes, para causar confusão na vida das crianças e perturbação para quem tem um pouco mais de idade.

Em um ambiente em que se passa a vida buscando somente fazer o que se gosta não estaremos satisfeitos nunca. No entanto, se conseguirmos fazer uma tarefa com o mínimo de propósito, já enxergamos um pouco mais de significado em trabalhar. Metas míopes nos deixam confusos.

Você nunca saberá se deveria ter seguido aquela "paixão da juventude". Se o assunto for amar o que faz, pouco importa se vai ser a hipótese da paixão ou alguma razão que lhe fez começar. O mais importante, mesmo, vai ser o que você vai fazer depois de ter começado.

Concluindo com um aperto no calo: *Se "seguir minha paixão" não é o melhor conselho do mundo, como achar propósito no trabalho, então?*

Uma resposta óbvia para uma pergunta inconveniente: *Demorou, mas chegou aquele momento em que aquele que está escrevendo tenta definir uma palavra. Tá preparado?*

Propósito é o que nos ajuda/faz tomar decisões que impactam diretamente nossos comportamentos, nosso estilo de vida e que moldam nossas ações e reações. Por isso, quando uma empresa ou alguém divide com você seus propósitos, logo nos envolvemos com aquela "luta". A sensação de que nosso esforço não é em vão é o que nos faz acordar.

"(...) para que uma atividade represente uma paixão, ela precisa ser significativa na vida de alguém, tem que ser algo que a pessoa goste e com a qual se ocupa regularmente.", Robert Vallerand e colaboradores.

Trouxe essa outra definição de paixão para extrair dois pontos bem relevantes:

1. Paixão é algo que você passa muito tempo fazendo. Se você acha que só seria capaz de investir horas em determinada atividade, ainda não é uma paixão, é um *interesse*.
2. Paixão presume entrega. Qualquer atividade de baixo investimento de energia, como assistir a *séries* ou usar o *zerar o feed de notícias*, não pode, portanto, caracterizar-se como paixão.

Então, é incorreto dizer que "teremos várias paixões na vida". Teremos vários interesses na vida, mas pouquíssimas paixões.

Tem uma expressão, de Arthur Moreira Lima, pianista brasileiro, que resume bem demais a ideia.

Uma vez, uma senhora o viu tocando Chopin e, maravilhada, disse:

– Eu daria a minha vida para tocar como o senhor!

Ele a escuta, esboça um sorriso de canto de boca e diz:

– Eu dei a minha.

Quando o foco passa a ser o de "achar uma carreira que me satisfaça" para "construir uma trajetória", abre-se uma nova gama de possibilidades, de forma que você passa a ser o líder/empreendedor/herói/dono/protagonista. De quebra, é gerada motivação e, no longo prazo, você alcança o troféu máximo do mundo profissional: a *paixão pelo trabalho*.

Muito provavelmente ninguém nasceu para trabalho algum, mas todo mundo tem a capacidade de fazer nascer um trabalho apaixonante durante a vida.

Sendo assim, buscar "ser você mesmo" ou "seguir sua paixão" não vai ser a melhor maneira de levar as coisas. *O ideal é que você consiga* construir a si mesmo. Elabore a sua paixão. Ou, na prática: aprenda a ser "excepcional".

Eu não Quero que Minha Empresa Cresça

Hoje eu tenho uma empresa de comunicação, a GorillaBrand.

Desde o início nós decidimos trabalhar em "bando". A estrutura tradicional, em que cada diretoria tem sua equipe reunida em um determinado espaço, deu lugar à multidisciplinaridade. O estrategista fala diretamente com o cara da criação, com a nossa brilhante web designer, com o fotógrafo, e todos eles atuam juntos e sem "barreiras". Sintetizando a ideia, é: juntar todo mundo que pode ajudar a resolver problemas similares e dar, assim, agilidade ao processo.

Assim que as discussões sobre esse "esquema de bando" começaram a ser feitas, nós procuramos referências e chegamos ao livro *A Conquista Social da Terra*, do biólogo Edward Wilson, que fala do tribalismo como um traço humano fundamental.

Segundo Wilson, formar grupos e defendê-los com entusiasmo contra os rivais é um dos comportamentos absolutos da natureza humana. Nós tivemos como grande rival a crise. Desde o nosso surgimento até hoje fomos moldados pelos tempos de recessão econômica. E, apesar do ser humano sempre se achar muito evoluído, os grupos modernos são psicologicamente equivalentes às tribos pré-históricas. As pessoas ainda precisam de um bando, de um time seleto para chamar de seu. O bando delimita nosso papel em um mundo caótico, ele dá sentido à nossa existência. Ele nos deixa mais seguros, porque a gente sabe a quem recorrer quando é preciso gerenciar qualquer crise.

A vida é um emaranhado dessas tribos, que formam um complexo ecossistema de relações. Cada tribo tem sua própria gestão e autonomia. E nós, sabidos que somos, buscamos sempre pertencer àquelas que vão ganhar a maior parte das disputas e nos gerar o maior bem-estar.

Além do propósito em si, que precisa ser muito bem definido, de preferência com a participação dos elementos do bando, é preciso estimular o sentimento de pertencimento e identificação para gerar engajamento. Um nome, uma bandeira, uma identidade, um uniforme, um grito de guerra, um hino, uma cor, um corte de cabelo exótico, UM BANDO!

O desafio é criar um ambiente igualmente competitivo e colaborativo para originar inovações e impulsionar os negócios, como, no passado, impulsionaram a evolução da espécie humana até o que somos hoje.

O único passo que importa é o próximo.

"Então, você nasceu para se sentir 'bem' em vez de fazer coisas e ter experiências? Você não vê as plantas, os pássaros, as formigas e aranhas e abelhas cumprindo suas tarefas, deixando o mundo em ordem da melhor forma que podem? E você não está disposto a fazer o seu trabalho como ser humano? Por que você não está correndo para fazer aquilo que sua natureza demanda?" (Marco Aurélio, Meditações)

Todos nós temos um trabalho, uma vida, um objetivo, uma missão – como queira chamar. Nós temos atividades às quais devemos nos dedicar, sejam as banais que fazem parte da rotina ou aquelas que esperamos ansiosamente.

Nossos desejos jamais serão realidade se não houver ação que os traga da cabeça para a realidade.

Quando a fatídica pergunta vier: *"Aonde você se vê em 10 anos? "*

Tente esboçar o seu melhor sorriso e responder com o máximo de convicção e segurança possível. Se for uma entrevista, lembre-se de ser ousado. Seja decidido, demonstre que sabe o que quer, e certamente vai ter um resultado positivo. Para "mandar bem", inclua a empresa no seu futuro e tudo vai dar certo. Não se engane, pois **o único passo que importa é o próximo.** Nós só conseguimos ter controle sobre o imediato e imaginamos bem um futuro próximo. Sentimo-nos responsabilizados pelo que vem a seguir.

Dez anos pode ser tempo ou distante demais. A incerteza deixa tudo turvo demais, não há responsabilidade envolvida. Dessa forma, imaginar um futuro tão distante é apenas isso: um *bullshit* de imaginação.

Já que é para exercitar algo, que a próxima pergunta seja: **"Qual é o meu próximo passo? "** Assim, você terá a melhor resposta possível para hoje.

Fontes

http://money.cnn.com/2016/04/12/news/economy/millennials--change-jobs-frequently/index.html

https://www.forbes.com/sites/kaytiezimmerman/2016/06/07/millennials-stop-apologizing-for-job-hopping/#3a6391444656 (1)

https://www.forbes.com/sites/kaytiezimmerman/2016/06/07/millennials-stop-apologizing-for-job-hopping/#778407254656 (2)

https://www.forbes.com/sites/cameronkeng/2014/06/22/employees-that-stay-in-companies-longer-than-2-years-get-paid-50-less/#59b63e5fe07f

https://www.fastcompany.com/3055035/you-should-plan-on-switching-jobs-every-three-years-for-the-rest-of-your-

https://www.cnbc.com/video/2017/08/07/65-percent-of-jobs-for--next-generation-dont-exist-today-expert.html

Vallerand, Robert J., et al. *"Les passions de l'âme: on obsessive and harmonious passion." Journal of Personality and Social Psychology* 85.4 (2003): 756.

Pedro de Vasconcellos Bezerra, 28 anos

"Nasci e cresci em Niterói, minha formação é em Engenharia de Produção e hoje estou como coordenador de uma das áreas da organização TETO no Rio de Janeiro. É difícil escolher uma frase que represente o meu propósito de vida, mas uma palavra resume muito bem: solidariedade."

João Pedro Ferreira Gravino, 28 anos, diretor de operações da Organização TETO Brasil, na sede do Rio de Janeiro.

"Meu propósito é me desenvolver o máximo possível como pessoa e espírito, e inspirar, em conjunto, aqueles que estão e estarão ao meu redor a se desenvolverem para, juntos, formamos uma humanidade melhor."

Servir para Transformar: Nosso Jeito de Liderar

Um mestre só pode realizar seu propósito por meio da realização do propósito daqueles que o acompanham, pois é parte da sua missão guiá-los para essa realização. Um dos aspectos do trabalho de um mestre é justamente acordar a lembrança do propósito e ativar as potencialidades latentes daqueles que escolhem trilhar o caminho com ele, para que possam se colocar a serviço do bem maior

Sri Prem Baba

História do Pedro

Eu me chamo Pedro de Vasconcellos Bezerra, tenho 28 anos, nasci e cresci em Niterói. Minha formação é em Engenharia de Produção e hoje estou como coordenador de uma das áreas da organização TETO no Rio de Janeiro.

A TETO, organização humanitária presente na América Latina e Caribe, atua desde 2006 no Brasil, com filiais nos estados da Bahia, Paraná, Rio de Janeiro e São Paulo. Focada na superação da situação de pobreza em que vivem milhões de pessoas nas comunidades mais precárias e na formação de jovens voluntários através do vínculo com os moradores das comunidades, promove a construção de moradias e diversas ações sociais. A proposta de trabalho comunitário do TETO é focada nos assentamentos precários mais excluídos, sendo seu principal motor a ação conjunta de seus moradores e jovens voluntários, os quais trabalham para gerar soluções concretas para uma problemática social que julgamos prioritária: a pobreza. A TETO estimula um processo contínuo de fortalecimento da comunidade, considerando o desenvolvimento comunitário como eixo transversal da intervenção. (TETO, 2017).

Em julho de 2015, uma grande amiga convidou um grupo de amigos para participar da construção de uma casa em uma comunidade carente. A princípio não entendi muito bem como funcionava e não tinha experiência nenhuma em construções para agregar, mas como ela disse que não era preciso ter experiência, logo topei a ideia. Numa sexta à noite nos encontramos em um colégio na Tijuca e de lá alguns ônibus saíram em direção a algumas comunidades. Chegamos em Parque das Missões, localizada em Duque de Caxias, e ficamos hospedados em uma creche pertinho da comunidade. Lá estendemos os nossos colchonetes para dormir. As pessoas que estavam organizando o evento se apresentaram e falaram algumas regras para o bom convívio e segurança de todos, e tudo parecia muito bem organizado. No dia seguinte fomos separados em equipes e logo cedo pegamos as ferramentas para ir até o terreno onde morava a Dona Vera, moradora que logo conhecemos e que moraria na casa que estávamos construindo. Passamos o sábado e o domingo cavando, medindo nível, martelando, carregando pedras, painéis de madeira e, no domingo, ao fim do dia, lá estava a casa da Dona Vera, de pé! Nem acreditei que conseguiríamos fazer aquilo, foi a melhor experiência da minha vida, estava exausto e com uma sensação de dever cumprido: uma família teria uma casa mais digna, onde não entrariam ratos e sem chuva invadindo o interior da moradia. Além da construção, tivemos a oportunidade de conhecer alguns moradores e as suas vidas. Desenvolvemos algumas atividades que nos fizeram refletir sobre aquela realidade e sobre a distância que havia entre essa e a minha realidade. Saí de lá com muitos questionamentos na cabeça e querendo mostrar ao mundo o trabalho que eu tinha feito.

A partir da minha primeira atividade, senti uma vontade muito grande de fazer mais alguma coisa. Naquele momento, um vazio que existia dentro de mim passou a ser preenchido, e transbordava uma vontade muito grande de me envolver mais. Na primeira oportunidade fui a uma "reunião de apresentação" no escritório do TETO, onde as equipes de "voluntários fixos", aqueles que toda semana fazem reuniões para desenvolver alguma área do TETO, trabalham, e fiquei sabendo que a equipe de diagnóstico precisava de voluntários. Sem nem saber ao certo os objetivos da área, eu me inscrevi e, dentro de alguns dias, passei a frequentar as reuniões. Lá, pude aprender muito e entendi que o objetivo da equipe era fazer a organização se tornar referência em dados sobre assentamentos precários, e ali percebi que era algo muito maior. Percebi que com os dados coletados tínhamos uma grande ferramenta para o desenvolvimento da organização, das comunidades e para o meu desenvolvimento pessoal. Desde então, frequento as reuniões de diagnóstico e eventos massivos e, com o passar do tempo, fui sendo chamado para assumir algumas responsabilidades nos eventos, coordenando pequenos e grandes grupos e, dessa forma, aplicando o conhecimento que tinha em gestão de projetos, além de desenvolver a minha paixão em gestão de pessoas. Com o tempo, fui convidado para coordenar a equipe de diagnóstico, pois o Arthur, até então coordenador da equipe, iria assumir outra responsabilidade. Fiquei apreensivo, pois apesar de ter estudado algumas coisas na faculdade, ainda não tinha tido a oportunidade de colocar em prática, mas aceitei o desafio e desde então venho aprendendo muitas coisas gerindo essa equipe, composta por jovens com formações e origens diversas e que trazem sempre um olhar diferente sobre as atividades e sobre o mundo.

O assunto liderança transformadora apareceu em minha vida após ter iniciado o MBA em Gestão de Pessoas na UFF, onde tive a oportunidade de conviver e aprender com professores como o Robson e com outros alunos. Após isso, descobri que o João Pedro, diretor de operações do TETO no Rio de Janeiro, tinha a mesma formação que a minha e também estudava Gestão de Pessoas em outra instituição. A partir daí passamos a conversar muito sobre liderança, gestão e em como o nosso trabalho nos transformava a cada dia. Um certo dia o João foi chamado para fazer uma apresentação sobre liderança transformadora na UFRJ e me convidou para fazer essa apresentação com ele. Logo topei a proposta e fiquei extremamente feliz em falar sobre o assunto. Preparamos a apresentação e, alguns dias depois, lá estávamos, nós dois, em um auditório, explicando o trabalho do TETO e sobre como aplicávamos a liderança transformadora na organização. Desde esse dia, João e eu passamos a trocar muitas ideias sobre o assunto, até que tive a oportunidade de publicar um artigo em um congresso sobre excelência em gestão. Chamei o João e ele, na mesma hora, topou publicar um artigo comigo, fazendo um estudo de caso sobre esse modelo de liderança no TETO.

Apesar de ter tido outras experiências na organização, duas delas, sobre liderança transformadora, foram muito marcantes em minha trajetória no TETO. A primeira aconteceu quando fui chamado para ser CE (Chefe de Escola) em uma ECO (Escutando Comunidades). O evento aconteceu em junho de 2016 na comunidade Portelinha, localizada em Antares. Minha dupla e eu fomos convocados no mês de março, quando começamos o planejamento do evento. Éramos responsáveis por fazer acontecer tudo conforme o planejado. Existe uma GANTT em forma de gráfico para fazer o acompanhamento de cada atividade tendo sempre que respeitar seus prazos. Dentro dessas atividades, precisamos fazer a convocação de todo o *staff*, o acompanhamento semanal na comunidade, as capacitações de todos os envolvidos, a entrega de todos os documentos, a gestão de toda a equipe, a gestão de todos os voluntários durante o final de semana do evento, dentre outros. O mais interessante é que eu nunca tinha tido nenhuma experiência como *staff* de outro evento, e naquele momento tive a oportunidade de já começar como chefe de escola, gerindo cerca de 80 pessoas. Minha dupla e eu recebemos uma capacitação e, a partir dali, começamos a executar todo o processo.

O evento aconteceu conforme o planejado e o objetivo final foi alcançado. A maior das lições foi saber que, mesmo sem muita experiência, fui capaz de gerir cerca de 80 pessoas dentro de uma comunidade vulnerável do Rio de Janeiro e, juntos, atingimos o objetivo, que era aplicar enquetes em 70% das famílias que moravam naquele local. A partir dali, observei que era totalmente capaz de conduzir pessoas, mesmo com as minhas limitações, como a dificuldade de falar em público, não conhecer todos que estava gerindo, tomar decisões, demonstrar segurança, gerir pessoas com mais experiência que eu e controlar a ansiedade.

A segunda experiência que gostaria de dividir é a de ser coordenador de equipe desde dezembro de 2016. Nesse posto, tive/tenho a oportunidade de tentar melhorar o trabalho de acordo com o que já havia estudado e interpretado como pontos falhos e gargalos no processo. Os coordenadores, no TETO, têm a liberdade de testar metodologias e inovar na forma de gestão dos voluntários, o que para mim têm sido uma escola por estar cursando um MBA em Gestão de Pessoas e querer desenvolver a liderança em minha vida. Liderar uma equipe de voluntários fixos é bem diferente de liderar uma equipe em um evento massivo, por não ser um projeto. Como equipe, temos uma demanda contínua e estamos sempre pensando em novas ferramentas, em melhorar o processo, tendo sempre novas ideias. Desde que assumi a coordenação de diagnóstico comunitário, estive preocupado em praticar a horizontalidade na gestão, por ser uma característica da organização e por acreditar nesse modelo de gestão.

Algumas práticas vêm sendo desenvolvidas, trazendo bons resultados para a equipe. Uma delas é o que chamamos de "pauta compartilhada". É feito um rodízio semanal com os voluntários e, a cada semana, uma pessoa diferente assume a responsabilidade de desenvolver a pauta da próxima reunião (sempre com acompanhamento) e de conduzi-la no dia do encontro semanal da equipe. Em pouco tempo percebi a motivação dos voluntários, já que teriam a oportunidade de conduzir uma reunião e a equipe, como um todo, desenvolvia a sua própria liderança. A homogeneidade da equipe é interessante, pois cada um traz uma visão diferente. É possível sentir que a forma de abordagem que apresentam é a ideal para eles. Ali podemos perceber características diferentes de liderança em cada um e absorver as ideias que cada voluntário traz na sua condução.

Compartilhar as responsabilidades com a equipe e ser transparente quanto ao modelo de gestão é importante para que cada um consiga enxergar que todos são responsáveis pela equipe como um todo e podem/devem representá-la quando assim for preciso. É gratificante perceber o desenvolvimento de cada voluntário, observar cada um tendo oportunidades dentro e fora da equipe e exercendo bem as suas funções. Realmente dá para sentir a liderança sendo desenvolvida em cada voluntário.

Hoje, quando vou a uma comunidade ou participo de um evento massivo, sinto um bem-estar muito grande, apesar de ficar fisicamente cansado por passar um fim de semana dormindo no chão e sem tomar banho. Eu me sinto importante, com o coração cheio, mais bonito e completo. É uma sensação estranha e muito boa ao mesmo tempo. Aos poucos percebi que não estava mais fazendo esse trabalho só pela solidariedade; percebi que fazia por mim, pelo bem que me faz. Lá, pude conhecer pessoas maravilhosas, pude conhecer uma realidade que não enxergava, pude conhecer todo o lado bom que uma comunidade tem e pude reconhecer as semelhanças e diferenças entre as realidades, encurtando a distância que existia entre a extrema pobreza e a minha vida.

Um grande desafio, hoje, é lidar com alguns questionamentos, principalmente por parte da família e dos amigos, pois o trabalho voluntário acaba tomando muito o meu tempo e, uma vez envolvido, é difícil não assumir cada vez mais responsabilidades. Conciliar trabalho voluntário, família, estudos, relacionamento e emprego não tem sido fácil. A primeira coisa que as pessoas falam quando me veem muito atarefado ou precisando virar uma noite para fazer um trabalho, é:

– Já tá na hora de parar com o TETO né?

É muito inquietante, para algumas pessoas, entender que o trabalho é feito em favelas regidas pelo tráfico de drogas, e que eu poderia estar estudando, indo à praia, namorando ou fazendo qualquer coisa que fosse mais "confortável" em minha vida. Já parei para pensar nisso algumas vezes e, quando imagino a possibilidade de não fazer esse tipo de trabalho, não vejo sentido na vida. Penso que estou neste plano com um propósito, e a solidariedade se alinha muito com esse propósito de vida. Viver para trabalhar, ganhar dinheiro e pagar contas... nascer, crescer, reproduzir e morrer, não faz sentido para mim. Com esse sentimento e raciocínio, caminho contra a vontade e o ideal de muitas pessoas que convivem comigo e é impressionante, pois não faço só por solidariedade. Faço principalmente por mim, e isso é difícil de explicar.

Hoje, terminando um MBA em Gestão de Pessoas, consegui alinhar meu propósito com o propósito do TETO, e nesse ritmo, venho tentando aplicar algumas ações e ferramentas no dia a dia, seja na família, no trabalho e principalmente no TETO, onde consigo fazer com mais amor e felicidade aquilo que acredito. Apesar de não me considerar mestre de ninguém, gosto muito desse trecho sobre propósito e tento aplicar a cada dia na vida, segundo (PREM BABA, 2016): "na relação mestre-discípulo, apesar do mestre ter a função de guiar, ambos estão crescendo juntos: um vai expandido através da expansão do outro." e nesse ritmo vou aprendendo e expandindo a cada dia com as pessoas com as quais tenho a oportunidade de conviver.

História do João Pedro

Meu nome é João Pedro Ferreira Gravino, tenho 28 anos, sou Engenheiro de Produção e hoje ocupo o cargo de diretor de operações da Organização TETO Brasil, na sede do Rio de Janeiro.

No decorrer da minha jornada acadêmica sempre pensei em qual profissional eu me tornaria depois que, finalmente, estivesse formado. Acredito que todas as pessoas, em um dado momento, vivam esse questionamento interior, que está atrelado à vontade de se realizar pessoalmente e de se tornar, de fato, um bom profissional. Todos sempre desejamos poder trabalhar com o que amamos e, nesse contexto, o lado social sempre foi algo que ecoava dentro de mim. No entanto, pensava também sobre como unir uma formação de Engenharia de Produção com a responsabilidade social, pois sempre acreditei que eu deveria seguir meus propósitos e trabalhar buscando meu aprimoramento pessoal no sentido de me tornar um ser humano melhor, contribuindo para uma sociedade justa e igualitária. Embora a minha formação fosse tão ampla para a atuação profissional, confesso esse ser um desejo que, até então, eu não enxergava possível. No início, quando esses pensamentos vinham à tona, sempre me imaginava trabalhando em grandes empresas, *startups* com muitas demandas, processos e cobranças. O típico estereótipo que as pessoas pensam sobre "o que faz um engenheiro".

Ainda durante a faculdade tive a oportunidade de trabalhar em uma Empresa Junior no ano de 2009 a 2011, na área de gestão de projetos e atuando como coordenador da área de responsabilidade social. Esse trabalho, que foi a minha primeira experiência profissional, me trouxe muitos aprendizados e me fez entender que toda empresa, tanto quanto todo ser humano, deve ter uma preocupação social com à área em que está inserida. Dessa forma, procurei extrair dessa oportunidade o melhor que eu podia para me desenvolver como um profissional. Eu estava, a meu ver, iniciando o processo de construir minhas raízes. Assim, tive uma mudança com relação aos pensamentos sobre a carreira que eu seguiria dali para frente. Eu estava, então, entrando no mundo do trabalho.

Ao término dessa experiência, eu seguia para os anos finais da graduação, logo, era preciso começar a preparar o trabalho final de conclusão de curso, o TCC. Durante o planejamento e execução do meu TCC, eu estava atuando em uma segunda experiência profissional, sendo estagiário na área de eficiências energéticas na Eletrobrás. No decorrer desse período aprendi muito sobre como organizações públicas são constituídas em termos de gestão de projetos e pessoas e, concomitantemente a esse trabalho, tive a oportunidade de conhecer o TETO, uma Organização não Governamental que visa ao desenvolvimento comunitário por intermédio de projetos sociais e atua em assentamentos precários no Brasil desde 2006.

O contato com o TETO me proporcionou uma renovação de mim mesmo. Renovação de crenças, desejos e propósitos. Por esse motivo, findado o meu trabalho como estagiário na Eletrobrás e, em conjunto, a graduação, decidi passar um ano da minha vida, o ano de 2015, dedicando-me exclusivamente às causas sociais de forma voluntária, contemplando, assim, um desejo pessoal que surgiu quando tive o meu primeiro contato com uma ação massiva do TETO, em 2013. Esse contato, eu me recordo muito bem, foi no dia 29 de agosto de 2013, durante uma atividade de aplicação de enquetes socioeconômicas na comunidade Jardim Gramacho, situada em Duque de Caxias. Essa comunidade foi estabelecida no entorno do antigo aterro sanitário de Jardim Gramacho e ali vivem muitas pessoas que, durante anos de suas vidas, extraíam do lixo o seu sustento. Essa atividade tinha como propósito conhecer melhor as famílias que moraram naquele local e que pudessem, eventualmente, ter suas casas construídas na segunda construção de moradias emergenciais que seria realizada pelo TETO em outubro de 2013, além de gerar um banco de dados da comunidade para que, assim, o TETO começasse a desenvolver projetos em conjunto com os moradores, de acordo com a demanda e a vontade da própria comunidade.

Desde o primeiro momento fui muito impactado pela realidade com a qual eu me deparei na comunidade. Realidade essa vivida não só por aquelas pessoas, mas por milhões de brasileiros, atualmente. Realidade essa que, até então, eu só tinha tido contato vendo pela televisão. Realidade que eu achava existir apenas muito longe da minha casa, em outros países. No entanto, lá estava eu, a cerca de 40 minutos da minha casa, enxergando algo que eu nunca havia enxergado. Eu também fui muito tocado pela receptividade desses moradores, abrindo suas casas para participar da atividade e pela vontade que muitos demonstravam em querer fazer a diferença, em querer modificar aquele local por meio da união das pessoas, mesmo que, muitas vezes, não soubessem por onde começar.

Após essa atividade, deparei-me com o meu segundo contato com o TETO, ainda em 2013. Dessa vez, em vez de aplicarmos enquetes com as famílias, participaríamos da construção de moradias emergenciais com famílias de Jardim Gramacho, o mesmo local que eu tinha visitado antes. Durante essa construção, tive a oportunidade de conhecer melhor o trabalho do TETO e houve uma total sinergia com o formato de desenvolvimento deste trabalho no que diz respeito à ação, à construção em si, ao trabalho em equipe e à humanização que aquela ação me proporcionava. Eu fui tomado por uma sensação jamais sentida antes. Senti, finalmente, em corpo e alma, o poder da transformação social. Senti também que, a partir daquele momento, eu iria investir minhas energias em busca de um trabalho que me proporcionasse unir o meu lado profissional com o lado social. Durante essas atividades, nós dormirmos na comunidade, em creches municipais ou em outros locais, como forma de estarmos imersos no trabalho que será desenvolvido e por outras questões logísticas envolvidas também, Nesse final de semana, ao retornar para casa, eu voltei novamente aos questionamentos que tinha durante a graduação. Definitivamente, não conseguia mais pensar em seguir a tal carreira estereotipada sobre o que faz um "Engenheiro Padrão", ou ainda que assim fizesse, não deixaria mais de atuar na ONG.

Após essas duas primeiras atividades, continuei atuando como voluntário pontual, ou seja, embora eu não participasse da organização e construção daquele evento, eu participava das ações massivas. No entanto, logo após me tornei voluntário fixo, sendo incumbido da responsabilidade semanal, lado a lado de outros voluntários, divididos em diversas equipes, pensando e executando as tarefas da Organização. Trabalhei, especificamente, na área do escritório denominada Equipe de Comunidades. As equipes de comunidades têm, por responsabilidade, a mobilização local de moradores e a gestão de projetos comunitários demandados pelos próprios moradores por meio de um diagnóstico local. Ainda me envolvi com outros cargos específicos, os cargos de *Staff*, que são responsáveis por planejar e executar uma determinada ação. Os cargos mais marcantes, para mim, foram o de Chefe de Escola, quando pude coordenar, em conjunto com outra voluntária, 90 voluntários na comunidade da Vila Beira Mar com o propósito de construir seis casas; e o de Coordenador de Trabalho, no qual outros dois voluntários e eu coordenamos uma construção de 26 casas em umas quatro comunidades diferentes, com a participação de mais de 300 voluntários. Eu me envolvi de corpo e alma em todas essas atividades e com todo o processo de trabalho do TETO até que, no mês de outubro de 2014, assumi a coordenação da Área de Instituições, responsável por divulgar o trabalho da Organização nas Universidades e Colégios, buscando parcerias e desenvolvendo eventos de conscientização social. Estava iniciando mais uma jornada de aprendizado profissional e pessoal.

O trabalho do TETO é algo que nos faz pensar muito sobre tudo, e atuar nessa organização é ter a ciência de que você estará em constante aprendizado. Aprendizado esse adquirido por meio das ações nas comunidades, lado a lado dos moradores e no relacionamento com pessoas tão diferentes de você. É preciso enxergar a unidade dentro da diversidade. Nesse sentido, o TETO nos ensina, e muito, sobre liderança, gestão de projetos e gestão de pessoas. Por meio dessas experiências e do contato com pessoas que vivem em situação de pobreza, também puder desenvolver em mim competências como empatia, trabalho em equipe, autoconhecimento, visão sistêmica e proatividade, fundamentais para o exercício da liderança. Dessa forma, eu já estava encantado pelo formato de trabalho executado e pela evolução da organização em seus processos gerenciais. Em paralelo a isso, pensava em como conciliar as ações voluntárias a outras atividades profissionais do meu interesse. Desejei, então, aprofundar-me no assunto "liderança" e, em outubro de 2015, iniciei os meus estudos de pós-graduação Master em Liderança e Gestão de Pessoas na Fundação Getúlio Vargas.

A pós-graduação abriu os meus horizontes com relação ao estudo técnico e filosófico da liderança. Na Fundação, tive a oportunidade de estudar e aprender com gestores mais experientes do que eu, o que enriqueceu muito o meu aprendizado, pois pude observar os principais desafios e obstáculos que provavelmente enfrentarei no futuro, seja trabalhando em grandes organizações, sendo gerindo equipes ou inserido em qualquer outro trabalho que demande conhecimentos de gestão. Essa troca proporcionou-me não apenas um amadurecimento pessoal e profissional, mas sinalizou também as principais competências de liderança que terei que desenvolver em minha carreira para inspirar e influenciar minhas futuras equipes a entregarem o melhor de si e a se tornarem pessoas melhores. Em outra ótica, a pós-graduação também despertou em mim o tema Desenvolvimento Pessoal e *Coaching*, o qual foi abordado frequentemente durante o curso. Hoje, acredito fielmente nessa filosofia e busco, diariamente, aplicar práticas e hábitos que me tornem uma pessoa melhor, um profissional mais preparado e um ser humano com mente, corpo e espírito equilibrados.

Concomitantemente ao início de minha pós-graduação, foi aberto um processo seletivo para assumir o cargo de diretor de operações da sede do TETO no Rio de Janeiro. Optei por me candidatar, fui aprovado e, em janeiro de 2016, assumi o cargo. Eu estava, novamente, iniciando uma jornada de muito aprendizado pessoal e profissional.

Trabalhar no TETO exige de mim o melhor no quesito liderança. Trabalhar com pessoas que estão voluntariamente na sua organização, sem nenhum vínculo financeiro ou empregatício, que estão ali apenas por motivações pessoais, é um grande desafio. Ao longo desses dois anos liderei quatro macroáreas com mais de 140 voluntários fixos indiretamente e trabalho com cinco voluntários coordenadores de macrocoordenação diretamente. Muitas vezes indagado a mim mesmo em relação ao meu trabalho e as perguntas perpassam por diversos assuntos, mas principalmente sobre "como manter o equilíbrio, a transparência e a fluidez dos processos em uma cadeia tão sensível de trabalho e fluxo?", e "como manter aqueles que estão próximos de mim sempre motivados e em sinergia?". Essas perguntas ecoam até hoje, mas graças à experiência e à dedicação em ser melhor a cada dia, algumas luzes no final do túnel têm aparecido e me direcionado a executar um trabalho com mais cautela e segurança.

Para mim, crescer, aprender e ser uma versão melhor de mim mesmo é um longo e gigantesco processo, somado por pequenas ações diárias, sejam elas de âmbito pessoal, profissional, religioso, espiritual, social, filosófico, ou todas somadas ao mesmo tempo. Trabalhar em uma organização tão desafiadora por estrutura, mas que tem um trabalho tão construtivo e enriquecedor para aqueles que participam, é realmente uma grande oportunidade de crescimento e aprendizado, e sou muito grato e realizado por poder fazer parte dessa história. É importante citar que, no decorrer dessa minha pequena jornada, errei muito – pessoalmente, profissionalmente, espiritualmente –, mas acredito que, mesmo com nossos erros, como coletivo que somos, podemos aprender e inspirar uns aos outros para que sejamos uma humanidade melhor, construindo um mundo melhor.

Sempre busco manter minha cabeça inclinada para a frente, acreditando profundamente que posso ser melhor a cada dia para mim mesmo e para aqueles que convivem comigo. Hoje, este é o meu propósito: "Desenvolver-me o máximo possível como pessoa e espírito, e inspirar aqueles que estão e estarão ao meu redor a se desenvolverem para, juntos, formamos uma humanidade melhor".

A evolução é real. Presenciamos isso ao longo de toda a nossa existência como humanidade, e estamos agora dando mais um passo. Que continuemos nessa jornada de aprendizado.

Pedro Nascimento, nascido em 1991, cofundador e Chief Knowledge Officer da Tribo Purposeful Transformation (www.tri.bo), empresa de consultoria focada em transformação cultural, desenvolvimento de equipes e formação de lideranças; Head de Desenvolvimento Organizacional do Grupo Anga, holding de empresas de impacto do qual a Tribo faz parte; conselheiro executivo do Instituto Capitalismo Consciente Brasil.

Meu propósito: Libertar o potencial de líderes, equipes e organizações.

Um Novo Paradigma de Gestão

A ideologia de liderança e gestão que sustenta as organizações hoje em dia é tão limitante para o sucesso organizacional quanto a ideologia do feudalismo limitava o sucesso econômico nos séculos XVI e XVII.

Gary Hamel

Vamos supor que, com o avanço tecnológico incrível que estamos tendo hoje em dia, conseguimos criar a tão desejada máquina do tempo. E dentre as infinitas possibilidades que temos para mudar o mundo, resolvemos voltar 100 anos no passado, para 1917. Lá conhecemos o João, um dos diretores de uma empresa de máquinas para produção industrial, e o trazemos para 2017, com o objetivo de apresentá-lo a novas tecnologias que podem acelerar o desenvolvimento da humanidade.

João sente-se fascinado com todos os avanços de 2017. Televisões enormes com cores vivas, telefones de bolso para comunicação em tempo real, computadores em cima das mesas para realizar trabalhos complexos e, talvez, a invenção mais inacreditável de todas: internet.

Nesse mundo de avanços incríveis, João resolve passar alguns meses trabalhando em uma empresa de 2017, para aprender técnicas que poderia levar para 1917, e o ambiente lhe parece estranhamente familiar.

Chefes garantindo que os funcionários sigam os padrões estabelecidos. Executivos com escritórios grandes e separados dos demais. Orçamentos anuais com base em projeções do ano anterior. Os líderes decidem a estratégia. Os operários devem se sentar com os operários. Salas de conferência têm uma cadeira com encosto mais alto para o chefe. Trabalhadores trabalham com horário fixo e são cobrados pelo tempo na empresa. As pessoas precisam de incentivos financeiros para trabalhar. Essa descrição é de uma empresa de 1917 ou de uma empresa de 2017?

O DNA da Gestão Moderna

Ao longo destes últimos 100 anos, muitos dos processos citados acima foram melhorados. Por exemplo: hoje a capacidade de análise de dados dos computadores nos permite considerar centenas de variáveis antes não consideradas para um orçamento. Mas os processos são fundamentalmente os mesmos, assim como as estruturas organizacionais e as ferramentas. E a razão disso está no paradigma que deu origem a eles.

Um dos maiores pensadores de gestão da atualidade, Gary Hamel, propõe[1] uma análise histórica da gestão que nos permite entender melhor esse paradigma.

Podemos situar o nascimento da gestão, como a conhecemos, próximo das descobertas de Frederick Winslow Taylor, o pai da "administração científica". Para Taylor, o método científico aplicado ao trabalho resultaria em ganhos de produtividade que melhorariam as organizações e aumentariam os resultados. Segundo Taylor, a eficiência era o resultado de "saber exatamente o que se quer que os trabalhadores façam, e depois assegurar que o façam do modo melhor e mais barato"[2].

Outro pensador, contemporâneo a Taylor, que chegou a conclusões similares em relação ao que faria uma organização ter sucesso, foi Max Weber, pai da sociologia, que afirmou que "a experiência tende, universalmente, a mostrar que o tipo puramente burocrático de organização administrativa... é, de um ponto de vista, puramente técnico, capaz de atingir o mais alto grau de eficiência e, nesse sentido é, formalmente, o mais racional e conhecido meio de exercer dominação sobre os seres humanos. Esse tipo é superior a qualquer outro em precisão, estabilidade, rigor, disciplina e confiança"[3]. Ou seja, para Weber, assim como para Taylor, o papel do gestor era o de definir, com precisão, o funcionamento esperado da organização e garantir que o roteiro era seguido.

Assim como Taylor e Weber, diversos pensadores, fundamentais para o nascimento da administração como ciência, chegaram a conclusões similares: uma organização deve ter sua atuação definida formalmente pelos gestores, que mantêm o comando, e devem ser criados mecanismos para controlar que os padrões estão sendo seguidos.

Naturalmente, isso não aconteceu por coincidência, mas graças ao contexto: em um mundo recém– transformado pela Revolução Industrial, a maior prioridade para as empresas era que pudessem ser cada vez mais eficientes e previsíveis. Em um mundo ainda não afetado pelo aumento radical da complexidade provocado pela era da informação, a metáfora da organização como uma máquina fazia bastante sentido.

Mas será que eficiência e previsibilidade permanecem sendo os problemas que tentamos resolver nas organizações?

A Gestão na Encruzilhada

É inegável que, no século entre a gênese da administração até hoje, o mundo mudou. A globalização tornou a competição, que antes era local, em global. A comunicação em tempo real tornou praticamente impossível, para uma organização, esconder os prejuízos que causa ao ambiente, à sociedade ou até mesmo aos funcionários. A tecnologia fez com que um grupo de jovens, em uma garagem, seja capaz de criar produtos para matar uma organização centenária em pouco tempo. Se antes as organizações precisavam de eficiência e previsibilidade, hoje precisam de atributos como adaptabilidade, agilidade e engajamento.

No entanto, as ferramentas que conhecemos, mesmo atualizadas com as novas tecnologias, ou com nomes mais modernos, continuam com a mesma premissa: como posso definir planos ou padrões a partir de uma suposta previsão e criar mecanismos de controle para garantir que estão sendo seguidos?

Isso causa um ciclo vicioso: a gestão baseada em comando e controle, que gera valor a partir do sistema e não das pessoas, não é capaz de gerar os resultados esperados pelos gestores em um contexto incerto. Os gestores, em resposta ao mal desempenho, aumentam os níveis de controle, sob a crença de que os resultados ruins são causados pela falta de aderência ao padrão ou ao plano. Essa paranoia por controles cada vez mais restritos tornam a organização mais pesada e burocrática, matando sua agilidade e capacidade de adaptação. E com o aumento da burocracia, as pessoas tendem a ficar cada vez mais desengajadas ao perceberem que são apenas uma pequena engrenagem dentro do sistema.

Uma frase apócrifa de um gestor da GM na década de 70 (mas ainda atual), compartilhada por Tom Peters e Robert Waterman no clássico *In Search of Excellence*, ilustra as consequências nefastas por trás dessa busca incansável por controle, eficiência e previsibilidade:

> *Nossos sistemas de controle são desenhados sob a premissa aparente de que 90% das pessoas são preguiçosas e não fazem nada, e estão apenas esperando para mentir, trapacear, roubar ou nos ferrar de alguma outra forma. Nós desmoralizamos 95% da força de trabalho que de fato age como adulta por meio do desenho de sistemas para cobrir nossos rabos contra os 5% que são realmente maus atores.*

O que percebo é que três das premissas fundamentais do modelo de comando e controle já não são mais verdade em diversas situações em que vivemos no século XXI:

Premissa #1: É possível prever, a partir de projeções e análises passadas, o comportamento do mercado, das pessoas e das organizações.

Nesses 100 anos, muita coisa aconteceu. A internet surgiu, mudando radicalmente todos os negócios. Os celulares se tornaram a principal ferramenta de acesso à informação do mundo. Nasceram empresas em garagens que valem bilhões de dólares. A globalização explodiu e, com ela, um novo grau de complexidade na economia. Crises imprevisíveis aconteceram e derrubaram grandes empresas.

No mundo hiperconectado em que vivemos, prever o comportamento das pessoas ou exercer poder de mercado é cada vez mais difícil. Não são raros os casos de empresas que tiveram seus modelos de negócios inutilizados por *startups* do dia para a noite, ou que sofreram boicotes por conta de algum comportamento ruim compartilhado em mídias sociais. E falando em pessoas, é cada vez maior o desafio de capturar a atenção de possíveis clientes, dada a quantidade absurda de opções disponíveis. Nesse cenário, toda previsão tende a ter erros, e todo plano baseado em previsões ruins tende ao fracasso.

Premissa #2: Os gestores são capazes de receber e processar as informações e tomar as melhores decisões.

Os gestores, antes todo-poderosos preditores das mudanças do mercado e criadores dos processos da empresa, dificilmente serão capazes, sozinhos, de receber e processar todas as informações necessárias para tomar boas decisões. Em meio a milhares de interações com clientes, fornecedores ou a sociedade em geral, surgem diversas informações importantes para o sucesso da empresa, como ideias para novos produtos, feedbacks de produtos existentes e percepções sobre possíveis concorrentes.

É humanamente impossível, para os gestores da organização, receberem todas as informações disponíveis no mercado e as considerarem na tomada de decisão e criação de boas práticas. E por conta do caminho, muitas vezes longo, que a informação tem que seguir para chegar a eles, essas decisões acabam não tendo a agilidade necessária que certas oportunidades ou ameaças pedem.

Premissa #3: Os resultados podem ser assegurados ao definir bons padrões e garantir o máximo de aderência a eles.

No contexto em que vivíamos, era possível criar planos com algum grau de previsibilidade. Como disse Taylor, era possível "saber exatamente o que se quer que os trabalhadores façam". Porém, como lidar com um mundo onde não se sabe exatamente o que se espera dos trabalhadores? Como criar um padrão para o processo criativo de uma campanha de comunicação? Ou como definir um padrão para a criação de um novo produto? Em setores que exigem algum grau de criatividade ou sofisticação (que são um número cada vez maior do total), é raro saber o que padronizar, qual é a "fórmula secreta" que garantirá o sucesso. E o foco intenso em seguir um padrão pode cegar a empresa, causando certas ameaças ao sucesso.

Em setores mais tradicionais, porém, os padrões também carregam em si um grande risco oculto. Se antigamente a melhoria de processos se dava basicamente por melhoria contínua, por meio, por exemplo, de reduções incrementais de custos, em um mundo pós-revolução tecnológica é possível acontecerem transformações profundas nas formas de realizar certas atividades, como por meio da substituição total de seres humanos por máquinas, utilização de ativos compartilhados ao invés de próprios (como no caso de laboratórios de impressão 3D compartilhados) e adoção de softwares para a realização de operações complexas. Se antes a evolução era o suficiente para se manter no topo, hoje em dia a revolução tende a ser uma constante.

Com mudanças que afetam as premissas fundamentais para que a gestão da forma como a conhecemos funcione, as ferramentas, processos e estruturas criadas em cima do paradigma do comando e controle não são mais capazes de lidar com os desafios dos tempos que vivemos.

Um Novo Caminho

Há uma razão pela qual gerimos organizações da maneira que gerimos. Nosso antigo modelo operacional de Comando e Controle foi bem adaptado para desafios complicados e previsíveis. Alguns desses desafios ainda existem hoje e podem responder às práticas da era industrial, que conhecemos tão bem. No entanto, à medida que o ritmo da mudança se acelera, os desafios que enfrentamos estão se tornando cada vez menos previsíveis. As práticas que tiveram tanto sucesso no passado são contraproducentes em ambientes menos previsíveis.

A tensão entre organizações otimizadas para previsibilidade, em um mundo imprevisível, chegou a um ponto de inflexão.

Nesse contexto, o gestor do futuro é capaz de entender que a abordagem do *trade-off*, da primazia dos aspectos técnicos da organização em contraste aos humanos, não mais é suficiente. Ele não vai descartar as conclusões dos grandes pensadores, ou ignorar as técnicas que nos trouxeram até aqui. Seu trabalho passa a ser o de fazer a organização prosperar em meio à incerteza por meio do equilíbrio de tensões antes tidas como antagônicas. Na minha experiência, percebi algumas que merecem atenção especial, umas já notórias e evidentes, outras um pouco menos. Vamos explorá-las a seguir.

Propósito <> Lucro

A ideia de empresas terem uma finalidade social não é nova.

As primeiras corporações foram entidades sem fins lucrativos criadas na Europa antes do século XVII. O rei Magnus Eriksson concedeu o primeiro alvará empresarial registrado na história para a comunidade de mineração Stora Kopparberg em Falun, Suécia, no ano de 1347. A Companhia das Índias Orientais recebeu um alvará régio da Rainha Elizabeth I em 1600.

Empresas recebiam alvarás do Estado para propósitos públicos, como construir hospitais, rodovias, pontes e universidades. No geral, empresas lidavam com tarefas muito arriscadas ou muito caras para indivíduos ou governos executarem. O governo as observava de perto e seus alvarás poderiam ser revogados se as empresas falhassem em cumprir seus propósitos públicos. Acionistas eram beneficiários, mas não eram a razão fundamental de existir de uma empresa.

Em algum momento da história, porém, isso deixou de ser verdade. Em 1970 o eminente economista Milton Friedman declarou que a única responsabilidade social das empresas é gerar lucros para os seus acionistas, contanto que obedeçam às regras do jogo e participem de uma competição aberta e livre. Dentro desse contexto sugerido por ele, surgiram cada vez mais leis que obrigavam as empresas a gerarem valor para seus acionistas muitas vezes em detrimento dos demais *stakeholders*.

Gerar lucro não é um problema, muito pelo contrário. Quando me graduei no curso de Administração, a mensagem que recebi dos professores era clara: uma empresa existe para gerar lucro. O problema é quando o lucro é um fim em si mesmo.

Ter o lucro como único direcionador estratégico em vez de mais uma variável a ser considerada leva a decisões cruéis sob o ponto de vista humano e prejudiciais sobre o ponto de vista de estratégia de longo prazo, como vender ativos importantes ou demitir pessoas para alcançar uma dada meta financeira no final do trimestre.

Por outro lado, trabalhar em prol de um propósito maior abre espaço para novos produtos e serviços, inspira e engaja os colaboradores e passa uma mensagem consistente para o mercado.

Na empresa que cofundei, por exemplo, percebemos que nosso propósito é "inspirar empresas a equilibrar consciência e resultado nos negócios". Esse propósito, além de nos direcionar, deixa claro o tipo de serviço que queremos prestar e o que não queremos prestar. Isso, naturalmente, nos leva a perder possíveis clientes. Por outro lado, aqueles com os quais fechamos passam a ter uma relação não apenas comercial, mas emocional com o que fazemos, pois compartilham da crença que temos de que negócios mais humanos são melhores para as pessoas e para o próprio negócio. E por conta disso, o lucro passa a ser uma consequência natural a partir de uma base de clientes mais engajada e disposta a passar a mensagem adiante.

Transparência <> Sigilo

Existe um ditado amplamente difundido de que informação é poder: difícil de encontrar e difícil de espalhar. No mundo que deu origem às práticas de gestão, as organizações protegiam cuidadosamente essa escassa informação e alavancavam suas informações como uma vantagem competitiva.

Hoje, temos acesso a tanta informação que se tornou impossível prever qual pode ser útil, ou quem pode usar essas informações de forma produtiva. Parece-me absurdo considerar que só pessoas com uma certa "patente" na organização podem ter acesso a certos dados e informações e utilizá-los na tomada de decisão. Ao concentrar as informações em poucas pessoas, a empresa está, inconscientemente, abrindo mão de todo o potencial de geração de ideias da enorme proporção de excluídos.

Neste mundo de abundantes informações e conexões, os potenciais benefícios de confiar às pessoas que compartilham o propósito da organização a atuação sobre a informação que considerem conveniente muitas vezes superam os riscos potenciais de a informação aberta ser usada de forma contraproducente.

Distribuir Poder <> Centralizar Poder

Essa tensão demonstra uma incoerência gritante entre o sistema que adotamos enquanto sociedade e o que adotamos enquanto organizações. Na sociedade ocidental, os estados ditos "pró-negócio" são os que descartam a possibilidade de um poder centralizado para tomar decisões em prol do todo, defendendo uma postura de deixar a iniciativa privada (ou seja, as organizações) buscarem criar empregos e gerar riqueza da forma que acharem certo, com o mínimo de controle possível.

Já nas organizações em que vivemos, o modelo de distribuição de poder adotado remonta ao Estado centralizado, que concentra as decisões e determina as regras do jogo. Ora, se acreditamos que decisões descentralizadas se autorregulam (dado que os interesses individuais estejam de certa forma alinhados ao coletivo), por que a premissa de que as organizações são capazes de tomar boas decisões e as pessoas não?

Não estou defendendo um modelo ou outro de governo, ou um modelo ou outro de organização. No entanto, assim como em modelos de governo, a abordagem do "depende" também deveria ser adotada. Assim como certas decisões são melhores tomadas no nível cidade ao invés do nível país, falando-se de governo, certas decisões são melhores tomadas em nível individual ao invés do nível departamento ou diretoria, falando-se de organização. Um profissional de atendimento ao cliente, por exemplo, tem maior capacidade de entender a situação de um cliente furioso e agir de forma ágil para resolvê-la do que um gerente que não lidou com a situação e ainda deve ser inteirado do que aconteceu. Assim como algumas decisões, como qual é a melhor localização para uma nova fábrica, podem ser centralizadas pelo nível de complexidade e de informação necessária.

Como disse o capitão David Marquet, reconhecido autor de liderança, a forma mais eficaz e eficiente de lidar com certas situações é “levar a autoridade para onde a informação está”⊠.

Alinhar Expectativas <> Seguir o Padrão

Na minha experiência trabalhando em uma organização auto-organizada, percebo que uma das atividades mais importantes de ser recorrentemente executada é a de alinhar expectativas. Tenho uma crença profunda que grande parte das frustrações e conflitos que acontecem entre as pessoas dentro das organizações se dão por desconhecimento ou descuido, não por maldade.

O que quero dizer com isso é que muitas vezes partimos do pressuposto errado de que as pessoas sabem o que esperamos delas, ou de que sabem qual a forma certa de agir. Somos excepcionais em criar boas regras de conduta ou boas descrições de cargos, mas dificilmente criamos boas conversas entre líder e liderado para que ambos saibam como satisfazer as necessidades um do outro.

A descrição de cargo, a regra ou a política têm uma função importante, mas apenas em certos contextos. Definem o que a organização espera do indivíduo, de forma unilateral, mas não acabam com a preocupação inerente a ambientes de baixa clareza, do eterno questionamento “será que estou fazendo o que meu líder espera de mim?”. Essa preocupação de atender a uma demanda não especificada causa mais pressão e estresse do que direcionamento à ação.

Duas conversas são fundamentais para alinhar expectativas entre o grupo e promover maior engajamento e melhores relações: (1) “O que você espera de mim e eu de você” para alinhar expectativas entre pares, líderes e liderados ou até mesmo entre departamentos; (2) “como queremos nos comportar enquanto grupo” para criar bons acordos de trabalho. Quando todos sabem o que se espera de seu trabalho, e os acordos que nos fazem colaborar efetivamente estão claros, a equipe passa a operar com menos conflitos e mais sinergia.

Experimentação <> Planejamento

Por último, é importante citar a dualidade entre seguir o que é planejado e tentar novas abordagens. No passado, as organizações competiam ao otimizar a produtividade, a eficiência e a previsibilidade com o planejamento a longo prazo. Como grande parte das decisões de investimento envolviam imobilizar ativos (como fábricas, por exemplo), o custo da experimentação era muito alto, e mudar o curso da empresa depois de uma decisão ser tomada era bastante difícil. Hoje em dia, com a grande maioria das empresas compostas por ativos intangíveis, essa não é mais uma realidade absoluta.

Hoje, os planos já desvalorizam à medida que são concluídos. Como o futuro é imprevisível e o tempo é limitado, muitas vezes é mais útil definir diretrizes centrais do que a organização não abre mão, e adotar métodos mais ágeis que permitam aprender à medida que a organização avança. Isso não quer dizer que a organização deve viver em um estado de eterno caos, ou que deve investir todos os seus recursos em ideias novas e ainda não testadas. O oposto do planejamento não precisa ser um caos.

As organizações do futuro são capazes de equilibrar uma inspiradora e revolucionária visão de longo prazo, com testes que validam hipóteses do que pode levar a organização àquela visão no curto prazo. A partir de testes pequenos, com custos restritos e perdas limitadas, podem-se criar novos produtos, processos ou serviços capazes de receitas e ganhos muito superiores à soma dos testes que deram errado. Ao planejar para o longo prazo, mas experimentar no curto prazo, a empresa é capaz de limitar as possíveis perdas com a experimentação ao passo que potencializa os experimentos que dão certo, tornando-os estratégias centrais ao alcance da visão.

Conclusão

Acredito profundamente que, pela primeira vez desde a Revolução ndustrial, uma empresa mais preparada para o futuro é uma empresa mais humana.

Na nossa empresa, estamos buscando viver esse modelo de trabalho do futuro por meio de um propósito claro, uma razão de existir que transcende o lucro; lideranças mais conscientes, a capacidade de enxergar e potencializar cada pessoa como um ser humano ao invés de um recurso; com uma cultura inclusiva, orientada a valores ao invés de medo; e uma capacidade de integrar os interesses de todas as partes interessadas em prol do bem comum, não apenas do lucro.

Existem várias razões para buscar ser uma organização mais humana: pode ser superar a concorrência, ou até mesmo entrar para a história como uma empresa única e altamente inovadora. Essas possibilidades me motivam bastante a continuar estudando o futuro do trabalho e das organizações, e a continuar realizando experimentos que questionem o status quo do pensamento de gestão tradicional.

Mas existe uma razão mais profunda e nobre para fazê-lo: a possibilidade de tornar-se um lugar que cultiva a capacidade humana dá às pessoas a oportunidade de se desenvolverem e promove o crescimento sustentável para as próximas gerações. E essa razão me inspira o suficiente para tentar.

Não pretendo, neste breve capítulo, tentar prever o futuro, até acreditar que isso é impossível. Mas trago, sim, uma certeza sobre o futuro das organizações: o futuro é humano.

Bibliografia

1. *O Futuro da Administração*, Gary Hamel
2. Frederick W. Taylor, *The Principles of Scientific Management* (New York: Harper and Row, 1911), 7.

3. Max Weber, *The Theory of Social and Economic Organization*, ed. and trans. A. M. Henderson and Talcott Parsons (New York: Free Press, 1947), 337.
4. *In Search of Excellence*: Thomas Peters e Robert Waterman
5. http://www.davidmarquet.com/2016/05/18/push-authority--to-information-2
6. Responsive.org/manifesto

Giovanna Loiola, 24 anos. Cursa Economia na UFRJ e foi presidente da Rio Junior em 2016, a Federação das Empresas Juniores do Estado do Rio de Janeiro. Primeira mulher presidente nos últimos 10 anos da Federação.

"Acredito que cada ação positiva que realizamos é capaz de impactar uma infinidade de outras ações de diferentes indivíduos, criando um ciclo positivo de harmonia e esperança no futuro. Acredito que somos capazes de fazer um mundo melhor."

Exercendo a Liderança Feminina

Aqui estão os loucos. Os desajustados. Os rebeldes. Os criadores de caso. Os pinos redondos nos buracos quadrados. Aqueles que veem as coisas de forma diferente. Eles não curtem regras. E não respeitam o status quo. Você pode citá-los, discordar deles, glorificá-los ou caluniá-los. Mas a única coisa que você não pode fazer é ignorá-los. Porque eles mudam as coisas. Empurram a raça humana para a frente. E, enquanto alguns os veem como loucos, nós os vemos como geniais. Porque as pessoas loucas o bastante para mudar o mundo, são aquelas que o mudam.

Texto do comercial "To the Crazy Ones", da Apple, de 1997.

Eu acredito em um mundo melhor. Eu acredito nisso porque tudo que vivi até hoje me leva a crer que, se não acreditarmos em um mundo melhor, estamos fadados a viver uma vida sem propósito, sem paixão e sem o futuro que almejamos.

Eu acredito que todas as nossas ações, por menores que sejam, refletem no mundo que vivemos e refletem nas pessoas que convivemos. Por conta disso, eu tento levar todos os dias da minha vida como um dia para transformar positivamente a vida das pessoas, a realidade que estou inserida e uma parte da sociedade. Eu tento fazer isso por meio de ações, como por exemplo: dar um bom dia especial para quem parece estar passando por momentos ruins ou me mostrando proativa para escutar alguém que precisa de um ouvido amigo em um determinado momento.

Muitas vezes a minha atitude, relacionada ao comportamento anterior, de tentar sempre observar e levar em consideração o que há de melhor nas pessoas, durante a minha vida, foi confundida com ingenuidade e, como algumas pessoas costumaram dizer, com o fato de que "sou boazinha demais". No entanto, foi dessa forma que construí toda a trajetória da minha vida, o que me proporcionou, por exemplo, criar meu caminho no Movimento Empresa Júnior, movimento no qual passei quatro anos da minha vida universitária e que me fez exercer, tão nova e tão inexperiente, a minha liderança baseada nos meus valores.

Liderança, na minha concepção, nunca foi algo único, imutável, e não existe um jeito certo ou errado de exercer qualquer atitude de liderança. Eu sempre a vi como algo diverso, amplo, variado, e cada pessoa pode, de certa forma, desenvolvê-la no seu dia a dia, no seu trabalho, na sua família, da sua própria maneira. Acredito que desenvolvi essa visão, grande parte, por conta das oportunidades que tive na universidade. Além disso, também compartilho da crença de que a universidade e suas diversas atividades extracurriculares fazem com que cada pessoa possa aflorar e desenvolver sua liderança de um jeito especial.

Para falar da minha liderança, acredito ser importante ressaltar a trajetória que tive no Movimento Empresa Júnior, já que foi a experiência mais voltada à liderança que já tive ao longo dos meus 24 anos. No Movimento, sempre me entreguei totalmente a tudo que me propunha a realizar e aprendi a ter brilho nos olhos na minha vida, a partir de então. Para mim, o brilho nos olhos nas atitudes que temos e nas atividades que realizamos faz toda a diferença para que possamos alcançar um sentido para aquilo que estamos realizando.

No Movimento Empresa Júnior, eu tive a oportunidade de me desafiar cada vez mais em cada passo que dava. Seja executando um projeto de consultoria para um cliente, seja como gerente desse projeto ou sendo, o que chamamos, de presidente, diretora e assumindo o cargo de maior liderança do Movimento Empresa Júnior do Estado do Rio de Janeiro, eu me sentia desafiada dia após dia. Tenho certeza de que esses desafios formaram a pessoa que sou hoje, com inseguranças, anseios, sonhadora e que ainda acredita em um mundo melhor, mas também mais capaz de realizar mudanças e não deixar de carregar, nunca, o brilho nos olhos que a vida me deu, levando sempre o há de melhor das pessoas que conheci e tentando esquecer ou apagar o que de pior já vi nelas.

Durante a minha trajetória no Movimento Empresa Júnior foi possível notar que diversos cargos que eu tive a oportunidade de exercer não tinham tido uma mulher na liderança nos últimos anos. Muito além disso, eu percebi também que a maioria dos cargos de liderança do Movimento não eram exercidos por mulheres, por mais que, muitas vezes, elas fossem a maioria na Empresa Júnior ou até mesmo no curso no qual a Empresa Júnior fazia parte. Para entendermos isso a fundo, lá se vão muitos anos de estudos antropológicos e sociológicos. No entanto, eu tive apenas a visão da realidade das mulheres no Movimento Empresa Júnior no período em que vivenciei, entre 2013 e 2016.

Considerando a minha visão, o meu papel, então, na época, foi de tentar fazer com que mais mulheres estivessem cientes e alertas da oportunidade que existe na liderança do Movimento e da quebra de paradigma que estariam fazendo se ocupassem esses cargos. Não digo que a missão foi totalmente cumprida ou que foi fácil despertar essa consciência coletiva feminina de uma hora para outra. Eu considero, entretanto, que na posição que estava e na época em que vivenciei, esforcei-me para que a liderança feminina estivesse mais em evidência e destaque do que antes. Cabe ressaltar que as mulheres, vistas sempre como o frágil, o dócil, o vulnerável, ainda são obrigadas a lidar com a dúvida relacionada à sua competência e poder de realização; além disso, são postas em cheque quando chegam nos mesmos cargos que os homens ocupavam anteriormente. "Será que ela vai ser boa o suficiente?". "Será que ela vai ser tão boa quanto o seu antecessor?". Isso existe, vai existir e cabe a nós, em nosso cotidiano, provar que essa dúvida não existe e que, por mais que tenhamos particularidades por conta do nosso gênero, somos tão capazes, quanto qualquer homem, de assumir qualquer posição. É um exercício diário lidar com essa situação, mas por acreditarmos em um mundo melhor, cabe a nós mesmas transformar essa realidade.

Para exemplificar um pouco da frustração de ser uma liderança feminina em um universo repleto de liderança masculina, em 2016 eu fui ao maior evento de empreendedorismo jovem do mundo, com 3.200 pessoas, de diferentes países do Brasil, para falar de transformação, realização e mudanças, com o tema "Lidere a Coera". Para minha surpresa, no primeiro dia do evento, na mesa de abertura que dava início, só havia homens representando as entidades públicas e os parceiros do evento. Aquilo me gerou um sentimento de inconformismo e desapontamento sem tamanho. Gerou também vontade de estar liderando uma organização como aquelas representadas na mesa de abertura para que, um dia, eu pudesse estar na posição que aqueles senhores estavam de forma a representar as mulheres, sendo um exemplo para as lideranças femininas que estão por vir.

Eu não aceito mais, na sociedade que construímos hoje em dia, que o preconceito ainda exista, que as pessoas ainda não tenham as mesmas oportunidades entre si, que julgamentos aconteçam por causa de gênero, cor de pele, orientação sexual e religião. O futuro, aquele que estamos construindo, não terá esse tipo de situação. Nós, os millennials, somos a favor da diversidade acima de tudo. A nossa geração é inconformada com injustiças, desrespeito e acredita que devemos viver uma vida repleta de significados, ficamos satisfeitos quando somos capazes de gerar mudança em qualquer âmbito, seja a forma de pensar de um parente de uma geração anterior, seja participando de organizações que compartilham desse propósito ou trabalhando em empresas que se propõem a construir um mundo corporativo diferente e renovado do que temos atualmente, repleto de valores que respeitam a justiça e o bem-estar da sociedade. Para nós, nossos valores e princípios se sobrepõem a dinheiro e *status social*. Por isso, se uma empresa ou organização não é capaz de promover esses valores e princípios, não nos sentimos como pertencentes a ela e, então, acabamos indo buscar esses valores abrindo nosso próprio negócio ou participando de negócios que sabemos que vão atender a essa nossa necessidade. Para exemplificar um pouco, eu fiz uma lista de cinco valores que levo para a minha vida em qualquer situação em que estou inserida, representando uma parcela dos millennials da nossa sociedade. Esses valores servem como base para eu tomar qualquer decisão em minha vida. Acredito que cada indivíduo também deve ser guiado e orientado por valores dos quais não é possível abrir mão.

1. **Brilho nos Olhos:** Para mim, esse é o valor que mais me representa, em todos os sentidos. Isso porque, além de eu acreditar fielmente que devemos fazer tudo o que fazemos no cotidiano com paixão, brilho nos olhos, levando sempre os pontos positivos acima dos negativos, é um valor que também tem muito em comum com a minha personalidade. Eu preciso estar apaixonada por aquilo que estou fazendo para que consiga executar bem qualquer tarefa. Por conta disso, todos os dias da minha vida levo em consideração se o que eu estou fazendo me proporciona paixão e alegria, principalmente o que estudo na faculdade e o que faço no trabalho.
2. **Ética e Justiça:** Esse é o segundo valor que eu mais considero para a minha vida. Nada me angustia mais do que lidar com situações antiéticas e injustas. Por mais que a cada dia vejamos um país corrupto e com cada um tentando tirar vantagem sobre o outro, eu acredito que a ética e a justiça são valores capazes de transformar a humanidade. Abomino qualquer situação que represente alguém tirando vantagem sobre outro alguém, seja nas pequenas ações do dia a dia ou em uma tomada de decisão que irá afetar muitas pessoas. Na minha opinião, se hoje temos um país corrupto em sua liderança, é porque toda a sociedade é corrupta, nos seus pequenos detalhes e ações rotineiras. Sendo assim, eu prezo por todos os dias tomar decisões que sejam éticas e justas com todos que estão envolvidos, mesmo que não tenha ninguém ali para me repreender ou julgar. Dessa forma, estou construindo uma sociedade mais ética e justa. Como disse Leandro Karnal: "Não existe país com governo corrupto e população honesta".
3. **Ser Humano:** Em terceiro lugar, eu acredito que parte da construção de um mundo melhor está na capacidade de cada um de *ser humano* com o outro. Isso, na minha visão, quer dizer que precisamos entender que somos seres dotados de fraquezas e que precisamos, acima de tudo, entender nossas dificuldades para que possamos trabalhar em conjunto, respeitando, uns aos outros, os seus limites,

e exaltando o que há de positivo. Precisamos, portanto, de mais empresas e organizações que entendam e levem mais em consideração o lado humano de cada pessoa do que simplesmente seu conhecimento técnico e sua habilidade específica para determinada função. Por isso, a partir do momento em que levamos mais em conta o bem-estar pessoal e a satisfação de cada indivíduo, estamos promovendo um mundo melhor.

4. **Sonhar Grande:** Em quarto lugar, eu acredito que, para alcançarmos os objetivos que desejamos, devemos sonhar grande. Isso significa que desafios maiores são aqueles que nos proporcionam maiores aprendizados e são aqueles que realmente fazem a diferença no objetivo que estamos buscando, seja ele qual for. Não devemos ter medo e receio de nos arriscarmos e de buscarmos o que ninguém alcançou até os dias atuais.
5. **Protagonista:** Por fim, em quinto lugar, acredito que temos como compromisso sermos protagonistas nos desafios que nos propomos a realizar, seja no nosso trabalho ou nas tarefas de outras organizações das quais fazemos parte. Dessa maneira, podemos nos colocar em situações que nos levem a fazer a diferença na vida de outras pessoas.

Vivenciando, então, esses valores, acredito que estou transformando o mundo em um lugar melhor, seguindo o que é realmente importante, segundo o que já vivi e experimentei ao longo dos meus 24 anos. Por isso, na minha concepção, é essencial que cada um de nós tenha, de forma muito clara, quais são os nossos valores para que possamos tomar as decisões que irão mudar a nossa vida e o mundo para sempre.

Gabriel de Oliveira Franco Castro Dias, nascido em 1991, colunista, estrategista e empreendedor. Sócio da GorillaBrand.

Meu propósito: Acreditar que em cada pessoa existe uma luz a ser acendida. Acreditar no ser humano mesmo quando ele deixa de acreditar em si.

Mídias e Millennials: Colaboração, Autenticidade e Empoderamento

Não é o mais forte que sobrevive, nem o mais inteligente, mas o que melhor se adapta às mudanças

Charles Darwin

A geração dos Milênios tem um relacionamento peculiar com as novas mídias. Cada vez mais vemos a audiência da TV aberta perder espaço para Netflix e YouTube. Vemos também cada vez mais youtubers influenciarem o comportamento de consumo do que celebridades globais. O que aconteceu com essa geração que não se importa tanto com o galã da novela das oito? Ou com o jogador craque da seleção? A geração que fez marcas gigantescas como Motorola, Nokia e Blockbuster perdeu espaço?

Convido os leitores deste capítulo a se aventurarem em uma linha de raciocínio comportamental, sem olhar as novas mídias pelo viés técnico. A reflexão que proponho começa na relação que os milênios têm com as marcas. Para buscar entender e refletir sobre o comportamento dos milênios em relação às mídias é necessário entender um pouco sobre o Marketing atual.

Segundo Kotler em seu livro *Marketing 3.0*, o que move o Marketing moderno é justamente a visão de que o consumidor, hoje, possui poder e está hiperconectado. Em questão de segundos ele pode tornar alguém famoso como também pode gerar uma grande crise para alguma marca.

Antes de explicar os conceitos por trás do marketing moderno, que é essencial para entender o comportamento atual dos milênios, Kotler faz um passeio pela história do marketing, dividindo-o em 1.0, 2.0 e 3.0.

Marketing 1.0 – O Começo do Consumo

O Marketing 1.0 começou na Revolução Industrial. O contexto era da criação dos primeiros centros urbanos. Das primeiras cidades. Dos primeiros shoppings. O modelo mental era produzir o máximo de quantidade possível. Como dizia Henry Ford, qualquer consumidor pode ter o carro que quiser, desde que seja preto e modelo T.

Época das grandes fábricas e de produção em escala, os consumidores consumiam tudo que viam pela frente. Tudo era novo e centenas de mercados estavam apenas começando. Sem grandes opções de concorrência, os empresários só se preocupam em produzir.

O foco do Marketing 1.0 era apenas no produto e a publicidade era bem descritiva; afinal, o consumidor dessa época era de fácil persuasão.

Marketing 2.0 – Crise do Petróleo e o Poder de Consumo

Com o avanço das tecnologias e do tempo, o Marketing 1.0 se prolongou até a década de 70, quando o mundo viveu a crise do petróleo e os Estados Unidos presenciaram uma grande crise econômica.

Com a forte crise econômica, a população começou a perder poder aquisitivo e, com isso, o consumo diminuiu. Esse fato fez com que os grandes modelos de produção fossem repensados. Além do consumidor sem poder aquisitivo, alguns mercados já começaram a ficar saturados, repletos de opções mais baratas e acessíveis.

Os novos fatores econômicos e sociais fizeram com que o Marketing se adaptasse, surgindo o Marketing 2.0, no qual o foco passa do produto e se direciona ao consumidor. Surgem, nesse contexto, as primeiras linhas de crédito. Se o consumidor não consegue comprar, que ele pague em até 12 vezes sem juros.

Surgem também os primeiros produtos personalizados. A famosa frase de Henry Ford já perde sentido. Se o consumidor quiser um carro azul, ele terá. Os produtos ganham a cara que o consumidor quer. Surgem então os primeiros indícios de empoderamento de consumo. Peço que guardem esse termo, pois ele será essencial para entendermos o comportamento dos milênios com as novas mídias.

Marketing 3.0 – Um Olhar mais Humano e Colaborativo

Em meados da década de 2010, o Marketing mais uma vez passa por uma nova mudança. É sempre importante refletirmos que o Marketing sempre muda de acordo com grandes mudanças sociais e econômicas. Ele nunca muda por querer. Ele se adapta aos fatores comportamentais. E reforço em falar sobre o Marketing, pois ele é um ponto central sobre a relação da sociedade com o consumo de mídia, marcas e influenciadores. É no Marketing 3.0 que os grandes veículos de comunicação começam a perder sua força e influência.

O contexto de surgimento do Marketing 3.0 está relacionado a três grandes fatores: Participação Colaborativa; Paradoxos da Globalização e Economia Criativa.

Participação Colaborativa

Um dos pilares centrais do Marketing 3.0, considerado um dos modelos mais atuais e que enxerga com mais clareza os novos comportamentos, a participação colaborativa surge no contexto da internet e suas redes. Cada vez mais a internet cresce e está nas mãos de todos. O que antes era restrito aos jovens, hoje já está presente até nas classes de mais idade e de mais carência financeira.

Sites, redes sociais, blogs, fóruns, torrents, vlogs e streams. Cada vez mais o consumidor está mais conectado e pesquisa antes de consumir. Celular novo? O consumidor vai lá e se informa em diversos veículos antes de usar o cartão.

A cada lançamento novo do IPhone, no dia seguinte a internet está recheada de infográficos comparativos. Youtubers fazem *HandsOn* e mostram cada detalhe do novo aparelho. Se é a prova d'água, eles vão lá e mergulham em uma panela e filmam tudo. Surge a cultura do compartilhamento de informação.

A cultura do compartilhamento dá poder ao consumidor. Faz com que ele queira participar mais da publicidade, do modelo de negócio e das ações da empresa. O computador permite interação e duplo clique. O consumidor quer levar isso para o mundo físico.

A lógica da publicidade muda. Se um comercial de cervejas traz uma mulher *hipersexualizada* e o público não gostar, isso vai impactar diretamente nos números da empresa. Se um canal de TV não tiver uma boa programação, o consumidor não assistirá. Ele tem diversas opções e a melhor é aquela que o entender ao máximo.

Paradoxos da Globalização

Paradoxos da Globalização trazem à tona as questões sociais para o jogo das marcas e mídias. Com cada vez mais acesso à informação, a sociedade enxerga, hoje, praticamente em tempo real, guerras, miséria, corrupção, preconceitos, revoltas, crises e demais aspectos que nos fazem refletir sobre a natureza humana.

Dentro desse contexto, o consumidor moderno começa a exigir das marcas mais relevância social. Quando uma marca é descoberta realizando trabalho escravo, por exemplo, rapidamente a notícia é compartilhada milhares de vezes nas redes sociais e, muitas das vezes, uma notícia de Facebook vira notícia no noticiário nacional.

Dois casos interessantes que refletem esse comportamento é o da marca de roupas Abercrombie e da Volkswagen.

A Abercrombie é conhecida por ser uma marca estilosa e querida pelos jovens. Em uma entrevista, Mike Jeffries, que até então era o CEO da marca, foi indagado, em uma entrevista, sobre o motivo da marca não trabalhar com modelagens mais largas. O então CEO respondeu que a marca dele não faz roupas para pessoas gordas.

Após a polêmica declaração, os jovens começaram a fazer protestos e a boicotar a marca. Os acionistas pediram a demissão do CEO e a marca registrou uma queda de 58% nos lucros no último trimestre de 2013. Para finalizar, os jovens americanos começaram a doar, espontaneamente, suas roupas da marca para moradores de rua, em uma forma de protesto.

Já o caso da Volkswagen representa a força da população por uma obrigação na responsabilidade ambiental e social das marcas.

Em 2015, a Volkswagen foi pega em um escândalo de emissão de gases tóxicos em seus carros. Nos EUA, todos os carros produzidos precisam controlar a emissão de gases tóxicos por uma questão ambiental.

Segundo as investigações da Agência de Proteção Ambiental dos EUA, a marca criou um software para burlar a emissão de gases dos carros. Depois de uma denúncia, o esquema foi descoberto e a Volkswagen teve uma queda de 40% na bolsa de valores em um dia. Foi a maior queda diária da história, além de uma multa bilionária, perda de ativos e a obrigação de um recall em mais de 11 milhões de veículos.

Vale a pena refletir sobre os dois casos citados. Hoje, com o poder da informação, dificilmente uma marca consegue manter um esquema fraudulento por muito tempo. E quando é descoberta, além de perder em multas, perde em valor de mercado.

Os jovens hoje exigem das marcas e das mídias um propósito social. Marcas que entendem isso e estão alinhadas com contextos socioculturais conseguem se conectar melhor com a nova geração.

Economia Criativa e Desmaterialização do Consumo

O último pilar é o da Economia Criativa, uma consequência de todos os outros pilares. Com o consumidor tão empoderado e colaborativo, começam a surgir, em série, empresas com modelos de negócios disruptivos, com um modelo mental de colaboração ao invés de competição.

Antes de exemplificar, gostaria de introduzir uma grande provocação e reflexão aos leitores sobre um dos comportamentos dos milênios que também é um ponto-chave para o entendimento da sua relação com as marcas e com as mídias: desmaterialização do consumo.

Segundo o autor sociólogo Colin Campbell em suas obras *A Ética Romântica* e o *Espírito do Consumismo Moderno* e *I Shop Therefore I Know that I Am: The Metaphysical Basis of Modern Consumerism*, o consumo moderno não é materialista. Ou cada vez mais perde o sentido materialista. Esse é um conceito muito importante e provocativo.

Campbell, quando fala sobre materialismo, quer dizer o sentido da matéria física, de fato. Ele afirma e concorda que ainda somos consumistas, mas que o produto físico é somente uma ponte para o desejo de uma necessidade. A matéria é apenas uma ponte. Só consumimos o produto porque não conseguimos chegar até a nossa necessidade sem ele. A partir do momento em que conseguirmos atender às nossas necessidades sem passar pelo produto, rapidamente o descartamos.

Vejam o que diz sobre sua teoria no livro *A sociedade do Consumo*, escrito por Lívia Barbosa:

> *O espírito do consumo moderno é tudo, menos materialista. Se os consumidores desejassem realmente a posse material dos bens, se o prazer estivesse nela contido, a tendência seria a acumulação dos objetos, e não o descarte rápido das mercadorias e a busca por algo novo que possa despertar os mesmos mecanismos associativos. O desejo dos consumidores é experimentar, na vida real, os prazeres vivenciados na imaginação, e cada novo produto é percebido como oferecendo uma possibilidade de realizar essa ambição. Mas, como sabemos que a realidade sempre fica aquém da imaginação, cada compra nos leva a uma nova desilusão, o que explica a nossa determinação de sempre achar novos produtos que sirvam como objetos de desejo a serem repostos.*

Essa provocação nos faz perceber e entender muito bem o comportamento dos milênios. É por isso que essa geração não se importa mais com a posse do carro, da casa de praia e dos CD's. As empresas que entenderem esse comportamento têm grandes chances de crescimento e engajamento. Algumas delas: Airbnb, Uber, Spotify e Netflix.

A Uber é a *startup* mais valiosa do mundo, com mais valor de mercado do que a GM e a Petrobras, por exemplo. O Airbnb é a segunda *startup* mais valiosa do mundo. Só no Rio de Janeiro, corresponde à metade da capacidade hoteleira da cidade. O Netflix cresce cerca de 40% ao ano, e caminha passos largos para passar a audiência da TV aberta americana. O Spotify e o Netflix reinventaram a indústria fonográfica, que passou anos tentando combater a pirataria da forma mais radical possível, tentando mostrar aos jovens que eles deveriam parar de compartilhar torrent's e voltar a assistir filmes em CD e DVD's. Hoje, o Netflix e o Spotify são empresas com um modelo de negócios que combate a pirataria naturalmente. Oferecem qualidade, bom atendimento, tecnologia, mobilidade e preço justo.

Percebam que todas essas empresas enxergaram a característica de desmaterialização do consumo e da economia colaborativa que rodeia a nova geração. Não é à toa que são marcas com muito engajamento nas redes sociais, por exemplo.

Observem o anúncio acima. Até a OMO, que é uma marca tradicional com milhares de consumidores de gerações anteriores, já percebeu o comportamento dos milênios e criou uma lavanderia on-line em que – com um plano de assinatura – um carro da OMO busca, lava e entrega a sua roupa em casa. O jovem não quer comprar sabão em pó. Ele quer a roupa lavada.

Os jovens milênios só consomem o produto porque ainda não conseguem chegar direto na experiência. Por que comprar um DVD se você tem a oportunidade de ver diretamente o filme, e rapidamente abrirá mão dos DVD's? Por que comprar uma casa de praia se todo final de semana eu posso alugar uma em um lugar diferente? Por que ter um carro se eu consigo ter uma boa mobilidade, segurança e conforto? Esses são alguns paradigmas dos milênios: empoderados, conectados, críticos, autorais e colaborativos.

Tais aspectos fazem surgir novas mídias mais alinhadas com esse comportamento. Os milênios querem interagir a duplo clique em tudo. Torna-se entediante assistir a uma programação fixa da TV a cabo. Comprar 200 canais para assistir somente a dois ou três. Os milênios querem personalização. Esse é um fator que traduz bem a migração da TV para o *stream*, por exemplo.

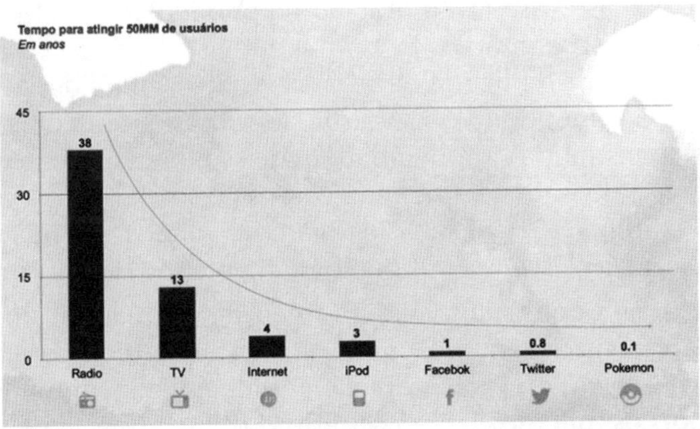

O gráfico acima mostra o tempo que cada veículo de comunicação demorou para conseguir a marca de 50 milhões de usuários. A velocidade de adesão das novas mídias, como Facebook e Twitter, não é apenas uma questão de tecnologia e de quantidade, mas comportamental. Mídias que têm o modelo colaborativo chamam mais a atenção dos milênios. Eles preferem mais um canal no YouTube do que assistir ao programa do Faustão. O canal do YouTube permite que eles curtam, expressem sua opinião, compartilhem em seus perfis e interajam com o youtuber. Em um programa de TV tradicional, o telespectador é passivo, e o consumo dos milênios é ativo.

Outro aspecto para refletir o consumo de mídia dos milênios é, inclusive, sobre como se faz publicidade. Hoje, o anunciante não tem tanto controle como antigamente. Os milênios não aturam propagandas enganosas e que usem uma linguagem muito invasiva.

Em 1999, perto da virada do milênio, Seth Godin fez uma leitura muito interessante do que estaria por vir. Ele disse que o marketing, a propaganda e as mídias deveriam mudam o seu modelo mental de anúncio. Sair da interrupção e migrar para a permissão e interação. Em sua visão, Seth Godin percebeu o crescimento da internet e das primeiras redes sociais. Mídias em que a cultura é recheada de compartilhamentos, colaboração, interação e personalização, empoderando cada vez mais o usuário.

Em décadas passadas, o modelo da publicidade era em massa. Você anunciava em rádio, TV, jornal e revista. Um único anúncio era transmitido e replicado dezenas de vezes. Uma linguagem que invadia o consumidor. Você assistia ao seu programa e ele parava para ser transmitida a publicidade. Você andava na rua e alguém lhe parava para entregar um *flyer*. Você lia o seu jornal e, na página seguinte, ao invés do restante da matéria, você era obrigado a ver algum anúncio. Esse era o modelo de marketing de interrupção.

Hoje, o modelo mais alinhado é o de permissão, em que o anunciante entende que o consumidor é ativo, colaborativo, conectado e informado. Não adianta ter uma linguagem muito fantasiosa, pois os milênios irão descobrir se o que você fala é verdade ou não. Eles rapidamente testam um celular novo e colocam em seu canal no YouTube. Em questão de segundos, ganham milhões de visualizações. Os milênios não querem ser interrompidos. Não aguentam nem cinco segundos de propaganda no YouTube, quem dirá um break de dois minutos só para propaganda.

É por isso que veículos tradicionais estão perdendo audiência para as novas mídias. O Netflix, por exemplo, permite a escolha de uma lista de séries. Você não assiste ao comercial, pois há mobilidade para ver do dispositivo que quiser, e onde quiser. Se pausar, pode voltar a assistir de onde parou. É personalizado e permissivo. O YouTube permite escrever comentários, curtir, seguir, deixar de seguir e até denunciar. O jovem milênio não quer se sentir passivo com as mídias. Ele preza pela transparência, interação e mobilidade.

Alguns dados:

- De 2004 até 2014, a audiência da TV Globo caiu 38%;
- Em 2016, no Brasil, a audiência do YouTube ultrapassa a da TV por assinatura;
- Netflix é responsável por queda de 50% da audiência da TV americana;
- Netflix ultrapassa o faturamento do SBT;

A imagem mostra as pessoas que mais influenciam os jovens brasileiros. Da lista, cinco são youtubers. É interessante refletir o motivo da perda de influência das celebridades. Por que Neymar perde lugar para o Felipe Neto, por exemplo? Por que existem youtubers comprando casas de R$ 10 milhões, carros superesportivos e ganhando salários de mais de R$ 300 mil?

Os youtubers e as novas plataformas têm características bem alinhadas com a dos milênios. Conseguem entender bem os pilares do Marketing 3.0, por exemplo. Youtubers são autênticos, simples, interativos e colaborativos. Passam a sensação de serem mais reais e espontâneos, o que gera um maior senso de relacionamento.

A geração dos milênios é assim. Procuram se relacionar com marcas mais autênticas, que respeitam os problemas reais do mundo e permitem a participação colaborativa. O que YouTube, Facebook, Twitter, Instagram e Twitch fizeram é inserir, em suas plataformas, funções alinhadas com o comportamento de consumo dos jovens. Os milênios, hoje, são influenciados por marcas e veículos com tais características. É uma grande reflexão pensar o consumo de mídia além tecnologia. Para entender bem os milênios é necessário entender comportamento. Perceber que são consumidores exigentes e conectados. Não abrem mão da mobilidade e se informam muito antes de tomar alguma decisão de compra. Hoje, ninguém compra um celular sem antes pesquisar infográficos e vídeos no Google e YouTube.

Os milênios podem ser efêmeros e impacientes, mas trouxeram ao capitalismo uma visão mais colaborativa e sustentável de ser. Eles se incomodam com tabus sociais e problemas ambientais. Juntos, têm a capacidade de denunciar o que a grande mídia quer ocultar. Os milênios vieram para tornar o mundo mais transparente.

João Paulo de Lima Braga, nascido em 1995.

Hoje dedico a minha vida ao aprendizado. Aprendizado vai muito além da sala de aula. Aprendizado é o ato de educar e educar-se a todo momento, com tudo que está à sua volta, e ainda não se contentar em guardar para si.

Meu propósito é impactar o maior número de pessoas com o meu trabalho.

Antes de Humano, Vem o Ser

Não sou quem eu gostaria, também não sou quem eu poderia ser, e ainda não sou quem eu deveria. Ah, mas já não sou quem eu era.

Martin Luther King Jr.

Onde Estamos?

Dormir é um ato de fé, pois nunca temos certeza de que vamos acordar. Mesmo assim, os seres humanos o fazem todos os dias. Respirar é algo que fazemos com maestria, e mais uma vez, não são todas as vezes que temos essa consciência. Um dia comecei a me tornar mais presente para os momentos, comecei a entender que em cada ser humano há uma pessoa, mas não necessariamente ela será sempre humanizada. Mas guardemos essa história para depois, vamos focar no assunto da noite, o ser humano.

Estou em uma sala cheia de gente nesse momento, um lugar conhecido como sala de embarque do aeroporto, onde há pessoas que estão ansiosas para reencontrar a pessoa amada, há pessoas que estão indo trabalhar, há ainda quem esteja indo viajar de férias. Todos os seres aqui são humanos, mas nem sempre humanizados. Há uma mãe alimentando a filha ali no canto, uma esposa brigando com seu marido perto do banheiro, dois homens de terno encostados na parede conversando sobre seu cotidiano na empresa (uma cena clássica de aeroporto) e uma pessoa perto de mim extremamente ansiosa, balançando a perna, mexendo nos dedos e olhando repetidamente para o celular (imagino que esteja conferindo as horas). E eu, observando a tudo e a todos, mas também categorizado como ser humano.

Nesse cenário tão diverso, com tantas informações e reações, uma coisa me atrai muito a atenção: vamos todos para o mesmo avião, que sairá no horário marcado, para o local combinado. Todos têm assentos marcados e a certeza de que o avião só iniciará a decolagem quando todos estiverem sentados com seus cintos afivelados. Se todos nós sabemos isso, por que aumentar, voluntariamente, a concentração de cortisol (hormônio responsável pela redução do estresse) no corpo? Excesso de cortisol pode gerar aumento de peso.

Assim começa, também, a nossa percepção sobre o que é o famoso "tempo". A forma como o tempo é contada é padronizada na maioria das partes do mundo. Mesmo calendário, baseado no mesmo sol, com as mesmas quantidades de dias, compostos por horas, minutos e segundos. Mas a forma como a passagem do tempo é sentida, isso é diferente em cada ser humano, em cada momento diferente. Não só a clássica sensação de que em momentos bons o tempo é mais rápido e em momentos ruins, mais devagar. Estamos debatendo sobre a percepção de passagem do tempo, como os segundos passam, quanto tempo dura o dia, chegando à pergunta-chave de todo o sistema, que vai definir a qualidade da sua vida: quanto tempo tem o seu tempo?

O que Somos?

Sempre fui fascinado pelo ser humano e seus comportamentos, em como pessoas respondem às mesmas situações de maneiras tão diferentes. Mas só me foi possível tal esclarecimento quando tomei conhecimento do real significado da palavra "história".

O grande Aurélio define esse verbete como "narração escrita dos fatos notáveis ocorridos numa sociedade em particular ou em várias". Aplicando o conceito ao ser individual, podemos concluir, então, que história é o conjunto de acontecimentos ocorridos durante toda a nossa jornada, o que torna cada ser humano um conjunto de histórias vividas a cada momento, o que chamamos de Vida. O curioso é que esses acontecimentos não se repetem, é como se uma vez contada, a história nunca mais acontecerá de novo, pois mesmo ocorrendo na mesma sequência de fatos, agora somos diferentes, pois já temos mais uma história para contar. E se o ser humano é feito de histórias, eu quero ter o maior livro possível no fim da jornada.

Foi assim que a minha história com o aprendizado começou, igual a grande parte dos alunos, sentado na sala de aula, sem muito interesse pelo que estava sendo dito pelo professor, escrevendo anotações em meu caderno pelo simples fato de que precisava de uma nota para passar para o próximo ano. Fazendo uma rápida análise sobre o que se passava na minha cabeça naquele momento, eu estava destinado a uma vida medíocre, no sentido literal da palavra. Preciso saber dessa matéria o suficiente para passar na média, chegando no próximo ano, farei tudo de novo, até concluir o colégio e chegar na faculdade. Não seria muita surpresa se o mesmo ciclo se repetisse na graduação.

E se eu pudesse estudar para aprender? E se eu pudesse verdadeiramente tentar compartilhar o máximo de conhecimento possível com aquela pessoa que tanto estudou, tanto leu e tanto sabe, em pé na minha frente, a qual chamamos de professor? Já parou para pensar que, se a sua professora só fala coisas que não lhe atraem, pode ser porque você não faz perguntas interessantes? Pare, pense, reflita, tome um café.

Após uma longa reflexão na aula de Física do Colégio Militar, resolvi começar a aprender a aprender. Apliquei o famoso "juntar o útil ao agradável", pois eu teria que fazer a prova se quisesse me formar, mas ela não precisava ser uma tortura, poderia ser algo agradável, desde que eu soubesse o motivo de estar aprendendo e estivesse aprendendo de fato, não apenas decorando. Comecei então pelo começo: "Como é o processo de aprendizado?". Quando me dei conta, já estava nas teorias da pirâmide de William Glasser.

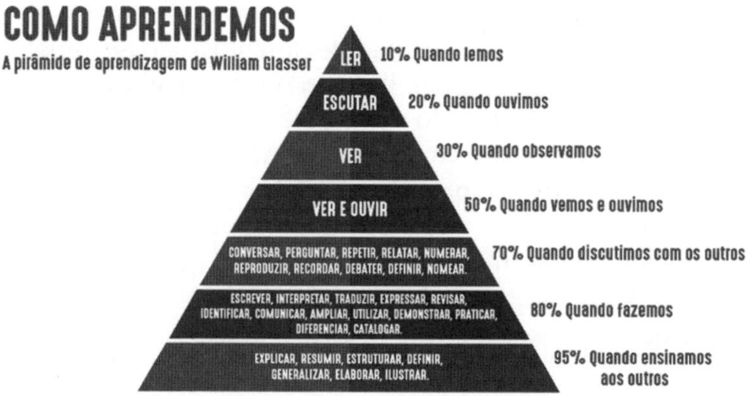

Hoje faço o que faço por causa dessa história. Compartilho tal percepção com o máximo de pessoas que eu consigo, pois se me ajudou, pode ajudar alguém também. Não sou mais um rebelde sem causa, pois agora eu tenho uma causa. Às vezes me pego pensando se ainda sou um rebelde. Porque é preciso ser para continuar aprendendo, questionando, inovando... até porque, como afirmou Alvin Toffler: "Os analfabetos do século XXI não são aqueles que não sabem ler ou escrever, mas aqueles incapazes de aprender, desaprender e aprender de novo. "

A cada momento que passa, reflito mais sobre a situação na qual me encontro, imagino quantas histórias cada pessoa ao meu redor pode me contar durante o voo. Mas também fico presente para outro pensamento, pois todos aqui têm o direito de ter histórias não muito agradáveis no seu livro, e por muitas vezes, uma palavra mal colocada pode ser o suficiente para reviver tal momento não muito feliz, gerando um grande clima de tensão e estresse. Imagine que essa pessoa ao meu lado, extremamente ansiosa, tem uma história muito ruim de atraso de voo que a fez perder o casamento do seu filho. Agora, imagine a reação que ela teria se a colaboradora da empresa área anunciasse que nosso voo se encontra atrasado por condições climáticas. Talvez não seja uma boa hora para fazer um comentário sobre a outra vez que fiquei o dia todo preso naquele mesmo aeroporto devido ao mesmo "problema climático", pois o que seria uma boa forma de puxar assunto pode se tornar uma faísca para sua pilha de nervos.

Não sabemos todas as histórias que cada pessoa viveu, não podemos garantir o que está presente nos sentimentos de cada pessoa a cada momento, não podemos ser arrogantes o suficiente para acreditar que todos têm a disciplina de ser gentil o tempo inteiro. Mas ignorar esses detalhes, ignorar o fato de que, para ser humanizado, precisa-se primeiro ser humano, é um erro fatal na gestão de pessoas. Tal erro tem cobrado um preço muito alto, tanto nas empresas quanto na sociedade como um todo.

Quem Somos?

A cada dia que passa, temos acesso a mais informações, de maneiras mais rápidas e com uma maior pluralidade de assuntos, porém a nossa capacidade de interpretação não tem acompanhado esse ritmo. Hoje, a quantidade de transtornos tem crescido, perguntas que antes não eram feitas estão em pautas nas novelas, no Senado e em discussões de faculdade. Isso seria um sinal de evolução do ser humano ou apenas um conflito existencial gerado pelo pouco autoconhecimento?

Para entender o real impacto disso, precisamos levar a reflexão a pontos extremos. Segundo a Organização Mundial da Saúde (OMS), 1,4% das mortes em 2012 foram por suicídios, ou seja, uma morte voluntária a cada 40 segundos. No Brasil, os números assustam ainda mais, pois há um número crescente constante de 10% ao ano de suicídios entre jovens, de acordo com o Ministério da Saúde.

São as famosas "informações miojo", rápidas ao serem produzidas, rápidas ao serem consumidas, mas no fim das contas, não se trata de uma alimentação saudável. A sensação que nos fica presente diante de um cenário desses é a de que, hoje, é mais fácil sabermos quem não somos do que sabermos quem somos, ou seja, é mais fácil eu saber qual sonho eu não posso atingir do que focar na resposta da famosa pergunta: o que eu quero ser quando crescer?

Por outro lado, de acordo com o estudo *Global Human Capital Trends* 2017, da Deloitte, 40% das funções de liderança são exercidas por jovens. Vemos cada vez mais empresas lideradas por jovens, desbancando grandes *players* do mercado, como o famoso exemplo do Facebook. A cada dia que passa, cresce o número de universitários que participam de projetos de extensão em suas faculdades, que por muitas vezes possuem o propósito de transformar o país.

Isso tudo nos leva a crer que autoconhecimento é mais uma questão de escolha do que acesso às informações. É preciso escolher se conhecer para iniciar o processo. O tempo todo estamos nos deparando com situações responsáveis por formar nosso caráter, de forma que novos hábitos surgem e antigas manias desaparecem. Cabe a nós mesmos ter a clara percepção de que esses são momentos formadores de um indivíduo, não apenas uma história para contar. São nesses momentos de escolhas que vamos começar a entender qual o nosso real papel dentro desse sistema complexo que chamamos de sociedade, afinal, somos partes dela, somos responsáveis por ela e por toda a confiança que nos é dada. Ou como é muito bem colocado pelo Movimento de Empresas Juniores no Brasil, um país empreendedor é formado por pessoas empreendedoras.

Como Somos?

Já dizia Simon Sinek: "100% dos clientes são pessoas. 100% dos empregados são pessoas. Se você não entende de pessoas, você não entende de negócios". Essa frase nos traz duas reflexões muito importantes para a gestão das organizações.

A primeira é que todas as organizações são formadas por pessoas, ou seja, não existe empresa corrupta, existem pessoas corruptas. O mesmo se aplica à ética: se queremos um país mais ético, precisamos de pessoas mais éticas. Ética é um assunto pouco abordado nas escolas e arrisco dizer que pouco conhecido por muitos, pois a ética, em si, vai além de "o que é certo e o que é errado", ela transpassa o plano binário até chegar ao plano complexo, onde a pergunta se transforma em "por que fazer ou não". A ética não faz julgamentos, ela faz convites a reflexões, e como todos os convites, esses também podem ser recusados. Por isso a importância da reflexão, que deve ser trazida para as salas de aula: colar em uma prova e desviar dinheiro público estão no mesmo lado do debate sobre o que é uma atitude ética, é só uma questão de escala, não de valores.

No tempo em que passei como parte do Movimento Empresa Júnior, tive a oportunidade de conhecer muitas pessoas e estruturas organizacionais, sejam elas empresas, faculdades, associações e outras categorias. Em quase todas em que tive a oportunidade de conversar com as pessoas que as compõem, tive a nítida visão de como ainda há empresas que colocam "sentimento de dono" como um dos valores organizacionais, mas os próprios membros se referem à empresa como algo externo, afastado e não pertencente. Vi Missões e Visões com palavras bonitas e colossais, sem que os membros soubessem seu significado ou razão de existir, o que me levou a refletir sobre o abismo que há entre a cultura no papel e a cultura na prática. O pior é que muitos gestores não conseguem enxergam nem um palmo à sua frente.

A natureza nos presenteou com um lindo comportamento chamado Fractais, muito presente em organizações humanas. A Teoria dos Fractais é bem simples de se entender, porém complexa de se trabalhar. Por definição, um fractal é uma estrutura geométrica cujas propriedades, em geral, repetem-se em qualquer escala; em outras palavras, é uma estrutura onde o micro é replicado no macro, em todas as escalas. Podemos facilmente aplicar isso nas organizações quando entendemos que o comportamento do líder reflete diretamente o comportamento do liderado, em todas as escalas. Ou no caso do Movimento Empresa Júnior: por se tratar de uma rede, suas conexões primárias refletem os padrões de comportamentos das conexões mais complexas, respeitando sua devida proporção e escala. Não precisa de muita massa encefálica para entender que a reflexão volta ao ponto que um governo ético é feito por pessoas éticas, em todas as escalas, cabendo a nós começarmos a mudança que tanto ansiamos.

A segunda reflexão é sobre a questão "relações" entre os envolvidos de uma organização. Por uma questão de um padrão social, os seres humanos tendem a se organizar de acordo com características semelhantes. É o famoso caso do encontro de dois brasileiros em um país estrangeiro, por mais que nunca tenham se visto, há uma conexão instantânea e uma sensação de amizade, apenas pelo fato de serem estrangeiros com a mesma origem. Há também o agrupamento intencional, como por exemplo os colégios em que alunos são organizados de acordo com a idade e quantidade de conhecimento sobre as disciplinas. Todas as organizações sociais são compostas por alguns padrões que podem ser estudados, replicados e trabalhados, quando necessário.

O primeiro padrão mais claro é o da Teoria do Movimento, ilustrado pela curva da difusão da inovação, também conhecida como Curva de Gauss. Essa teoria explica como um movimento social é iniciado, propagado e como é sua morte, sempre começando por um líder e tendo uma vida limitada ao tempo. Essa teoria é muito bem acompanhada pela prova social, que mostra que há uma tendência de aprovação maior de coisas e atitudes que outros seres humanos estão compartilhando. Trabalhando com elas da forma certa e com as pessoas certas, muitos comportamentos serão criados com muito menos esforço.

Todas as estruturas e teorias têm uma coisa em comum: o ser humano. Todas dependem do entendimento do ser humano para acontecer, todas dependem do estudo da psicologia humana para serem aplicadas e trabalhas. Por isso, muito mais do que conhecimento financeiro e estratégico, é preciso do conhecimento humano, afinal, se você não entende de pessoas, você não entende de negócios.

Por que Somos?

De nada adianta se entendemos tudo até agora, mas não pensamos em propósito. Por definição, propósito é o motivo de se fazer algo, aquilo que se busca alcançar, objetivo final. Trazendo para o nosso contexto, propósito é o motivo de você fazer o que faz, portanto, se não gosta do que você faz, tem algo errado com a sua definição de propósito de vida.

O que muitas vezes simplesmente ignoramos é o fato de não conhecermos os sonhos de cada pessoa com as quais nos relacionamos, o que torna a relação muito perigosa, pois se eu não sei o motivo da pessoa fazer o que ela faz, posso não entender o que está fazendo, gerando então um conflito, muitas vezes desnecessário, de objetivos, apelando então para as regras de comportamento preestabelecidas no lugar de simplesmente caminhar em direção a um objetivo em comum. Qualquer semelhança com a frase "manda quem pode, obedece quem tem juízo", é mera criação de sua imaginação.

Acredite, todo mundo tem um sonho, todo mundo tem um propósito. Existem pessoas que ainda não o encontraram, o que não é um problema, mas uma grande oportunidade. Pare, pense, reflita, tome um café. Se todas as pessoas têm um objetivo e se Dale Carnegie foi feliz ao afirmar que a única forma de fazer com que alguém faça o que você quer é fazendo com que ela queira fazer, podemos conseguir a colaboração de qualquer pessoa, desde que saibamos quais são os seus objetivos de vida e os seus maiores sonhos. Parece algo óbvio? Faça uma autorreflexão e pergunte a si quantas vezes você já parou para conversar com as pessoas ao seu redor sobre os sonhos delas. Quantas vezes você já se importou em perguntar qual é o propósito de vida dessas pessoas? Se isso soar muito estranho para você, se isso parecer loucura, tenho uma má notícia: você não entende de pessoas, logo, não entende de negócios.

Para onde Vamos?

Volto a observar as pessoas nesta sala, mas agora não vejo mais só seres humanos, eu vejo pessoas, elas possuem histórias, totalmente diferentes entre si em gênero, número e grau. Todas as pessoas aqui têm um comportamento baseado no convívio social entre seu meio, têm uma cultura diferente, com valores diferentes e crenças diferentes. Cada uma sonha com alguma coisa nessa vida, cada uma tem um porquê de fazer o que está fazendo, há quem saiba disso, há quem não. Mas no momento, todos têm um objetivo em comum: entrar naquele avião, que sairá no horário marcado, para o local combinado. Irão sentar-se nos seus assentos marcados com a certeza de que o avião só irá decolar quando todos estiverem com seus cintos afivelados.

Impactar o maior número de pessoas com meu trabalho vai muito além de conhecer muita gente, muito além do que uma frase legal para se colocar em um livro. É preciso entender que é um estilo de viver, de ver a vida. É preciso entender que preciso gerar algum impacto, não apenas incômodo com a mesmice. É preciso entender que preciso gerar impacto em pessoas, não apenas em seres humanos, e não se pode nunca estar satisfeito. É preciso entender que isso tem que ser o trabalho, tem que ser o dia a dia, para não cair na besteira de se viver uma vida dupla, de infelicidade por trabalhar apenas para pagar as contas, tratando a felicidade como um hobby.

Uma vez aprendi que não vemos as coisas como elas são, nós vemos como nós somos. Portanto, prefiro ver que ali no canto não é uma mãe alimentando sua filha, é uma mãe cuidando do seu bem mais precioso, alimentando a nova geração, garantindo a esperança. Não temos mais um casal brigando, temos duas pessoas discutindo sobre o futuro de suas vidas, alinhando expectativas e objetivos. Na parede podemos ver dois homens compartilhando conhecimentos adquiridos e, perto de mim, essa pessoa ansiosa, conferindo as horas repetidamente, que agora está, na verdade, degustando o prazer do objetivo concluído desde já, antes de todos.

Agora essa sala de embarque no aeroporto está diferente. Não está mais cheia de gente, está cheia de pessoas. Eu não vejo mais todo mundo, eu vejo cada uma dessas pessoas. Não foram elas que mudaram o modo de ser, eu que mudei o modo de ver. Posso estar sendo muito otimista na minha visão, mas há quem diga que sou ingênuo. Hoje à noite irei praticar meu ato de fé, fechar os olhos na esperança de que amanhã serei mais otimista, conhecerei novas pessoas e verei o mundo com outros olhos; afinal, impactar o maior número de pessoas com o meu trabalho é mais do que conhecer muita gente, é um estilo de vida. Até que um dia eu perca a maestria de respirar, feche os olhos e não acorde mais. Dever cumprido.

Lorena Antunes, 23 anos, fotógrafa, empreendedora.

"Sou uma pessoa cheia de sonhos, determinação para realizá-los, pois quero deixar um legado para as próximas gerações."

Diversidade em Foco

A diversidade é um desafio que nos faz crescer.
Papa Francisco

Eu sou a Lorena Antunes, fotógrafa e empreendedora. Nasci em São Gonçalo, no Rio de Janeiro. Sou uma pessoa cheia de sonhos e determinação para realizá-los, pois quero deixar um legado para as próximas gerações. Recebi esse convite, muito especial, para contar para vocês um pouco da minha experiência de vida, essencialmente, no que se refere à questão da Diversidade.

Ao analisarmos etimologicamente a palavra diversidade, podemos constatar que, de acordo com o dicionário Aurélio (2017), diversidade significa: "qualidade ou condição do que é diverso, diferença, dessemelhança. Multiplicidade de coisas diversas: existência de seres e entidades não idênticos, ou dessemelhantes, oposição". Podemos ver que essa palavra tem um significado muito amplo, pois todos nós somos únicos, portanto, diferentes uns dos outros. Tal fato trata-se de denominar como diversidade as diferentes condições étnicas e culturais, as desigualdades socioeconômicas etc. Neste capítulo, em especial, irei me ater a uma das vertentes da diversidade, que se refere à questão da orientação sexual.

A proposta maior deste capítulo é ser um instrumento de reflexão para todos aqueles que lerem, para que possam perceber os desafios postos pela sociedade, principalmente no que diz respeito à diversidade, pois acredito que a reflexão sobre isso seja um ponto de suma importância para que se possa dar partida rumo a transformações conceituais e práticas na sociedade em que estamos inseridos.

Ao longo da minha jornada até aqui, o que contabiliza 23 anos, passei por diversas situações, umas um tanto desgastantes em função do preconceito que, infelizmente, ainda está presente em nossa sociedade. Utilizei tais situações para me tornar mais forte e não deixei de ser quem eu sou para me enquadrar em padrões criados. Optei por viver a minha vida e ser o que sou em minha essência. Ao assumir as rédeas da minha própria vida, pude perceber o tamanho da importância do meu papel no que se refere à militância.

Neste capítulo, compartilharei com vocês um pouco da minha trajetória (pessoal, acadêmica e profissional) para que possa inspirar e dar força a quem está lendo, que pode estar passando ou passou pelas mesmas situações ou por situações semelhantes às quais irei contar. Utilizarei alguns poemas da minha querida Ana Barbosa, uma pessoa de extrema sensibilidade, que admiro muito, em vários aspectos. Sou sua admiradora nada secreta. Esses poemas servirão para ilustrar alguns desses momentos da minha jornada, pois acredito serem capazes de expressar tudo aquilo que sinto em forma de poesia.

A censura à liberdade
que o moralismo
insinua
deixei enterrada
nos meus dentes
mastiguei crua
já que não desce
na garganta
nem cabe
na minha
vida nua.

(Ana Barbosa)

Cresci em uma família tipicamente tradicional: católica, extremamente conservadora. Completamente norteada pelos dogmas e tradições. Essas peculiaridades foram passadas para mim, dia após dia, até que, com o despertar da minha personalidade e do meu senso crítico, comecei a causar certo incômodo em alguns que estavam à minha volta. De início, não era capaz de imaginar o que isso poderia significar.

Na escola eu já tentava buscar entender e mostrar para os professores que eu me sentia diferente das demais colegas de classe, porém, foi uma busca sem nenhum êxito, visto que não existia uma preparação, tanto profissional quanto humana, para lidar com crianças homossexuais em um colégio que adotava, como prática pedagógica, o ensino religioso cristão.

À medida que o tempo foi passando, eu me sentia cada vez mais estranha e deslocada em função de todo discurso que me foi passado, fazendo com que eu chegasse a imaginar que não era uma pessoa normal. Não fazia questão de me socializar com as demais crianças, fechei-me em mim mesma. O diálogo não era uma prática existente, tanto na escola quanto em casa, para tratar de assuntos vistos como tabus. Tudo isso só foi fazendo com que vários questionamentos surgissem, a cada instante, em minha mente.

O tempo foi passando, fui crescendo e observando o comportamento das pessoas ao meu redor e pude então perceber que eu não era anormal, como diziam, mas essa descoberta só foi alcançada aos poucos, e com mais clareza, quando iniciei minha graduação na UFF, onde tive contato com um universo muito maior, repleto de pessoas diferentes em diversos aspectos, ideias diversificadas, uma realidade completamente nova em relação àquela que eu estava habituada.

Nessa fase, tive ainda mais certeza sobre a minha sexualidade e resolvi partilhar isso com minha avó, minha amiga e referência materna. Vocês podem imaginar que isso não foi nada fácil, visto todo contexto no qual eu estava inserida, certo?! Pois bem, não foi nada fácil mesmo. De início, enfrentei muita resistência, principalmente em casa, com a minha família, mas eu não voltei atrás para agradar ninguém, muito pelo contrário, fui mostrando o meu ponto de vista fazendo com que exercitassem um pouco de alteridade.

A primeira manifestação concreta da minha libertação das amarras que me impediam de ser eu mesma, de viver a minha vida como eu gostaria, foi quando decidi doar o meu cabelo, que até então era comprido, para crianças com câncer. Aproveitei essa oportunidade para radicalizar: um corte bem *chanel* com *undercut* e, ainda por cima, mechas coloridas. Sim! Eu precisava dar cor a essa vida, até então, monocromática. Eu precisava externalizar, materializar as mudanças que aconteciam dentro de mim. Essa primeira manifestação foi muito significativa, pois rompi com um estereótipo que me foi imposto, de que a mulher deveria ter cabelos compridos em função de uma convenção social. Não aceitei, quis ser eu mesma, manifestar a minha personalidade questionadora. Imaginam como isso gerou repercussão?

Todos que faziam parte do meu ciclo de amizades, que frequentavam os mesmos lugares que eu frequentava, começaram a opinar em relação a tal feito. Uns positivamente e outros, nem tanto. Ali, alguns começaram a manifestar seus preconceitos e paradigmas. A igreja foi o lugar mais complicado de manter as relações de amizade devido a toda a sua atmosfera conservadora e controladora, que criava uma barreira entre tudo àquilo que existia antes, separando-me dos demais.

Nado contra
a correnteza
deixo
Para trás
escamas
de certezas
nas pedras
cortantes
desse oceano
de conflitos
me atrito
e
me livro

do Livro
das páginas
do mito
amor e luta
é meu rito
e
da redoma
turva
de onde
me enxerga
observa
que minha
espinha
enverga,
não quebra
(Ana Barbosa)

Minha avó sempre fez parte de grupos e pastorais dentro da paróquia que frequenta; inclusive, eu acompanhei um dos grupos desde criança, chegando até a pertencer e participar dele por me identificar com a proposta. Em um determinado momento, a questão da minha sexualidade começou a ser um empecilho para alguns dos membros, por acreditarem que isso não ia de acordo com os dogmas da igreja.

Que contraditório, não? Fui obrigada a me desligar desse mesmo grupo simplesmente por ser homossexual. Nesse momento, decidi romper com tudo aquilo que quisesse me anular enquanto ser humano, enquanto homossexual. Fiz uma carta solicitando o meu desligamento daquele movimento e propus um exercício de alteridade para que se colocassem em meu lugar e pudessem perceber o quão doloroso estava sendo aquele processo para mim. Eu me desliguei completamente da doutrina católica. Esse foi um marco e tanto em minha história.

Um Poema Nu
Vou subverter palavras sacras
E repousar na mortalha santa
Arrancar das entrelinhas
Metáfora que acalanta
Roubar espinhos
Converter em flores
Ressuscitar profundas gargalhadas
E estranhos amores
Vestir corpos
Despidos de perdão
Mostrar os seios
A língua
E o sagrado coração
Acender fogo-fátuo
Transgressão
Amor
Insanidade
Verdade
Tesão
Entrar nua na missa
Vestida em rosário
E oração
Mergulhar nos punhais
Do divino pecado
Fazer amor bandido
Com o proibido
Meter a língua
Na ferida da moral
Tocar com os dedos
O firmamento

Degustar hóstia
Com whisky E sal
Delirar em profundo gozo
Santo graal
(Ana Barbosa)

Segui em frente, buscando a minha vocação na área profissional. Inicialmente, ingressei no curso de Engenharia, coisa que muitos se dariam por satisfeitos por ser um curso com um certo prestígio e uma futura estabilidade. De que adiantava isso se não me proporcionava prazer no que eu estava fazendo? Eu atravessava uma fase de profundos questionamentos e reflexões. Foi então que decidi repensar a minha vida e ver qual rumo eu queria dar para a minha história.

Já que era para ser autêntica, ter verdade nas minhas atitudes e escolhas, resolvi me dedicar a uma paixão que sempre tive: a Fotografia. Iniciei a minha jornada, comecei a escrever a minha história com a luz. Tinha então descoberto uma paixão que haviam tentado fazer com que eu não descobrisse, por ser mais cômodo. Aventurei-me em um novo caminho, com novos desafios. Saí da minha zona de conforto. Encontrei, mais uma vez, muita resistência por parte de algumas pessoas por elas acharem que sabiam mais de mim do que eu mesma.

Comecei a trabalhar com a fotografia e, à medida que fui conquistando espaço no mercado, fui encontrando diversos tipos de clientes, e muitos deles deixaram de contratar os meus serviços em função da minha orientação sexual. Um exemplo bem significativo disso foi quando promovi um ensaio para um casal gay, intitulado de *O Amor em Sete Cores*, justamente para dar visibilidade e trazer essas questões para serem discutidas, pois nos tratam como uma parcela que não existisse ou que deveria permanecer escondida.

Durante todo esse processo para a realização desse ensaio, muitos se manifestaram negativamente, tentaram boicotar as minhas redes sociais; inclusive, tentaram nos impedir de fotografar em lugares públicos. Você ainda acredita que o preconceito é pura questão de falácia? O que falta para que cada pessoa possa entender a situação pela qual o seu semelhante passa é um exercício sincero de alteridade.

Nós

quando te prejulgo
me reprimo
quando te aponto
me miro
quando te machuco
me firo
quando te atiro
me lanço
quando te balanço
me oscilo
quando te toco
me sinto
quando te ouço
me grito
quando te respeito
me aceito

Pedro Pessôa Garcez de Aguiar, nascido em 1993.

Sou advogado e, atualmente, estou me formando como professor de Yoga. Já comecei a dar as minhas aulas. Meu propósito de vida é servir ao próximo. Quero deixar minha contribuição para que todos possamos crescer e evoluir juntos. Sou imensamente grato por ter tido a oportunidade de fazer parte deste projeto. Paz e bem!

O Caminho Espiritual

Não somos seres humanos vivendo uma experiência espiritual, somos seres espirituais vivendo uma experiência humana.

Pierre Teilhard de Chardin

O Despertar

A juventude é um período de intensas transformações. Trata-se de uma fase de nossa vida marcada pela formação de uma identidade própria, já que não temos mais de seguir o que nos é imposto pelos outros. Pela primeira vez temos a oportunidade de fazer nossas escolhas e formar nossa opinião. Além disso, a juventude é uma etapa repleta de aprendizado, em que buscamos uma autonomia, seja financeira ou de pensamento, e assumimos mais responsabilidades. Por se tratar de uma época de descobertas e definições, há uma tendência natural de nos questionarmos com relação ao estilo de vida que pretendemos levar e de idealizarmos nossa futura rotina e hábitos. O início da vida adulta, portanto, nos apresenta o processo de tomada de decisões, com o qual conviveremos por bastante tempo.

Ter que tomar decisões que repercutirão por muitos e muitos anos, sem dúvida, assusta. No meu caso, a grande questão era a carreira profissional a ser escolhida. Já no último ano da minha graduação no curso de Direito, comecei a perceber que eu não estava completamente satisfeito. Na época, eu fazia um estágio em um escritório de advocacia, e ainda me restavam poucas matérias e a monografia para concluir o curso. Sem falar no Exame da

Ordem dos Advogados do Brasil, o qual me habilitaria a exercer a profissão de advogado. Eu não me sentia completamente inteiro no meu dia a dia, e não conseguia vislumbrar outras atividades na área jurídica que me chamassem tanto a atenção a ponto de querer exercê-las nos anos que viriam.

Abandonar o curso, contudo, nunca havia sido uma opção em minha cabeça. Eu sentia uma necessidade de concluir aquela etapa, ainda que não viesse a trabalhar na área depois de formado. Tampouco havia me arrependido da escolha feita anos atrás, na época em que prestei vestibular. O que aprendi ao longo do curso foi enriquecedor, e certamente é e será muito útil em diversas situações da minha vida. Eu simplesmente achava que poderia haver outro caminho profissional que me deixasse mais feliz. Empenhei-me, pois, em concluir o curso e na preparação para ser aprovado no Exame de Ordem. Alcançados esses objetivos, um grande clarão se abriu diante de mim.

Por mais paradoxal que possa parecer, nesse momento eu me sentia livre e preso ao mesmo tempo. Livre porque havia concluído uma etapa e, pela primeira vez na minha vida, a etapa seguinte ainda não havia sido programada. Eu poderia escolher qual seria o próximo passo, porém também me sentia aprisionado porque, apesar de ter a possibilidade de escolha, não conseguia me desvencilhar das inúmeras dúvidas sobre qual caminho seguir. Fala-se que é natural e faz parte do processo de amadurecimento de um jovem lidar com dúvidas relacionadas à vida que pretende levar. Em se tratando da geração Millenial, ainda temos que lidar com outras questões.

Tornamo-nos jovens em uma época de grande crescimento tecnológico, o que aumenta exponencialmente o fluxo de informações e inovações que chegam até nós. Essa atmosfera cria um ambiente propício para desenvolvermos uma ânsia em alcançar as infinitas possibilidades que se apresentam. Ou seja, durante um período da vida que naturalmente já é caracterizado por idealizações e projeções para o futuro, nós jovens ainda temos que controlar tal ansiedade para não embarcarmos em uma confusão mental que pode nos deixar deprimidos.

Na minha história, a chave começou a virar quando passei a buscar com maior intensidade a vivência espiritual. Na época em que as incertezas começaram a assumir o controle da minha vida eu já praticava o yoga, mas não se colhe os frutos plantados da noite para o dia. Com o passar do tempo, mantendo-me firme e disciplinado na execução das minhas práticas espirituais, comecei a sentir um certo conforto e gozar de uma paz e de uma motivação surpreendentes.

Para a finalidade desse texto, leia-se espiritualidade como a busca por uma conexão consigo mesmo, uma conexão com a alma humana que está além da matéria. Eu queria compreender melhor meus pensamentos, minhas emoções e meus sentimentos. E tal mergulho em um processo de autoconhecimento foi determinante para que eu conseguisse superar alguns obstáculos. Por conta dos benefícios que passei a experimentar, considero a espiritualidade um caminho extremamente útil na vida de um jovem que busca sua autorrealização, já que ela nos ensina uma maneira inteligente e amorosa de lidarmos conosco e com os que nos cercam. E é justamente essa a minha intenção com esse texto: retratar como a espiritualidade pode ser benéfica na formação de um jovem da minha geração.

Religiosidade e Espiritualidade

Antes de adentrarmos no tema da espiritualidade em si mesma, considero importante diferenciá-la da religiosidade, pois é comum ambas serem tratadas como se fossem idênticas. De fato, existem características semelhantes, no entanto, alguns traços as diferenciam. Tanto a religião como a espiritualidade trabalham com crenças e com a fé. Pessoas religiosas são aquelas que acreditam na existência de uma Força Superior que rege todo o Universo, e buscam exercitar a sua fé no Divino, para, junto d'Ele, alcançarem a plenitude e o bem-estar. A espiritualidade também envolve crenças. Acredita-se na dimensão espiritual do Ser, isto é, uma pessoa espiritualizada crê que, além do seu corpo físico e da sua mente, existe a esfera espiritual, que abriga a sua alma, por meio da qual pode entrar em conexão com a sua Fonte Criadora. Há uma busca pela experiência transcendental, ou seja, ir além da matéria para desfrutar de sensações mais sutis e capazes de transformar nossa vida.

Contudo, algumas características não nos permitem tratar de religião e espiritualidade como se fossem algo único. Uma religião possui um caráter institucional. Trata-se de uma organização hierarquizada que impõe aos seus seguidores uma determinada forma de pensar e agir. Uma religião contém um conjunto de narrativas, de símbolos, de tradições, de rituais e de dogmas, as chamadas verdades absolutas que não podem ser contestadas. Nesse contexto, a espiritualidade tem um caráter mais liberal, se comparada à religiosidade. Em uma vivência espiritual busca-se um bem-estar interior, de modo que nossa própria consciência seja o nosso guia. Ao longo do caminho, somos encorajados a buscar essa consciência por meio de uma auto-observação, e à medida que nos aproximamos dela, ela se expande. A consequência natural é uma transformação da perspectiva sob a qual enxergamos o mundo. Aprendemos a ir além do nosso ego para comungar com outros seres.

A necessária distinção entre religiosidade e espiritualidade torna-se evidente quando analisamos determinados comportamentos humanos pautados em um fanatismo religioso. Por exemplo, é absolutamente incoerente pessoas se matarem por não compartilharem da mesma crença religiosa. Ora, ou são pessoas predispostas a cometer atos criminosos e utilizam a religião para mascarar seus reais objetivos, ou são pessoas que não compreenderam a essência de uma religião. Tal essência está vinculada à busca pelo Divino. Ocorre que, na prática, muitas vezes não identificamos a real essência das religiões. Vemos pessoas que seguem uma religião, mas só olham para si, não têm um mínimo de compaixão pelo próximo, não se preocupam com as consequências que suas ações podem gerar para a sociedade, e, portanto, não são espiritualizadas.

Os Benefícios da Vivência Espiritual

Seguir o caminho espiritual significa buscar uma conexão com a nossa essência espiritual. Nessa dimensão do Ser podemos sentir a nossa alma, que guarda as nossas reais necessidades, as quais, uma vez atendidas, trazem o bem-estar e a felicidade. Ou seja, para vivermos em consonância com o nosso propósito de vida e nos sentirmos inteiros e realizados, temos que experimentar a nossa alma. Agora, para que consigamos acessar a nossa esfera espiritual, devemos nos aprofundar em um processo de autoconhecimento. Temos de nos voltar para dentro de nós mesmos. Não podemos ficar presos somente às impressões sensoriais externas, mas jogar a luz de nossa atenção sobre nossos pensamentos e comportamentos.

O processo de autoconhecimento é vasto. Existem inúmeras terapias, técnicas e leituras, as quais permitem que nos conheçamos melhor para que, assim, tenhamos uma experiência espiritual. Para desfrutarmos de tal experiência, considero fundamental aprendermos a lidar com a nossa mente. Apesar de ser um instrumento extremamente útil para que tenhamos condições de realizar muitas tarefas, a mente humana pode ser um grande obstáculo quando se quer viver uma vida feliz e tranquila. Se não encontrarmos meios de fugir da confusão mental e das emoções negativas, não poderemos vivenciar a espiritualidade, pois, na maioria das vezes, a mente "joga contra". Ela insiste em nos enviar pensamentos negativos, em nos julgar incapazes de realizar o que pretendemos, em criar medos, em fantasiar sobre supostas consequências desastrosas decorrentes de nossas ações, e por aí vai. Se entrarmos nesse jogo mental, a tendência é sentirmos ansiedade, angústia, tristeza e desânimo. Devemos, pois, procurar entender como a nossa mente funciona, quais são os seus padrões. Uma vez detectados tais mecanismos, fica mais fácil não nos deixarmos levar por eles.

Uma prática espiritual muito benéfica para compreendermos melhor o funcionamento da mente é a meditação. Enquanto meditamos, temos a possibilidade de observar a tendência da nossa mente em divagar. Ela, naturalmente, dispara vários pensamentos que vêm e vão até o ponto em que nos perdemos no meio deles. O grande trabalho, na meditação, é imprimirmos um esforço para treinar a nossa mente a se manter concentrada. Isto é, elegemos algum foco para levarmos nossa atenção e esforçamo-nos para permanecer nesse foco, apenas observando a chuva de pensamentos, tentando não embarcar neles. A meditação é uma técnica para mantermos a nossa mente concentrada. Tal capacidade que desenvolvemos de manter a mente focada enquanto ela tende a divagar nos auxilia muito para que, em nosso dia a dia, não nos identifiquemos com a enxurrada de pensamentos destrutivos que podem surgir. Nossa mente molda cada experiência que temos na vida. Um determinado acontecimento será bom ou ruim dependendo de como é classificado pela nossa mente. Dessa forma, se a treinamos para encarar as situações da vida com um olhar mais otimista, conseguiremos viver, na maior parte do tempo, alegres e confiantes.

Ainda sobre a meditação, ela também ajuda bastante no combate e na prevenção de doenças. Por conta da relação existente entre o corpo físico e o mental, manter a mente concentrada contribui para o bom funcionamento do organismo biológico. A meditação é um excelente remédio para o controle da ansiedade, para combater problemas psicológicos e psicossomáticos, como resfriados, dores de cabeça e insônia. Além disso, cria condições para que o tempo de recuperação do corpo, depois de uma situação estressante, seja menor. Por fim, a meditação alivia a hipertensão. Como explica o psicólogo e escritor norte-americano Daniel Goleman, "a pressão sanguínea reage não só à tensão externa, mas também à fantasia mental. O sistema cardiovascular não distingue entre o perigo verdadeiro e o imaginado"[1].

Verificamos, pois, que para acessarmos a nossa esfera espiritual é necessário aprendermos a lidar com a nossa mente. A partir do momento que treinamos nossa mente a se manter focada e deixamos de nos envolver com seus padrões destrutivos, conseguimos desfrutar da experiência de transcender nosso psicológico e alterar nosso estado de consciência. Transcender o psicológico significa desenvolver a capacidade de não se identificar com os pensamentos. À medida que avançamos no processo de autoconhecimento, nossa consciência se expande, e consequentemente, nosso estado de espírito é alterado.

---

1 GOLEMAN, Daniel. *A Arte da Meditação*. Rio de Janeiro: Sextante, 2005. p. 11.

Se levarmos em consideração o fato da juventude ser um período da vida durante o qual idealizamos muito a respeito do nosso futuro pessoal e profissional, e no qual tendemos a conviver com aquela ânsia em obter rápidos resultados para as nossas ações, há grandes chances de embarcarmos na turbulência mental, que pode nos deixar zangados, deprimidos ou desencantados. Contudo, um jovem que busca se autoconhecer, trazer a sua atenção para si, tem a possibilidade de desenvolver habilidades importantes para expandir seu estado de consciência, e assim, viver de forma mais leve, menos estressante, com propósito, confiança e esperança.

O autoconhecimento, pois, é a chave para experimentarmos a espiritualidade. Essa busca por uma conexão com algo maior, por sua vez, é fundamental para potencializarmos nossa qualidade de vida. E o mais interessante é que, quando nossa consciência se eleva, uma série de transformações se iniciam. Mudamos a lente por meio da qual nos enxergamos, enxergamos o próximo, e por consequência, enxergamos o mundo. Passamos a perceber que somos pequenas partículas integrantes do Universo, com o qual estamos trocando a todo momento. Tal troca pode ser percebida de diferentes formas, seja por meio da respiração, quando oferecemos a ele gás carbônico e somos retribuídos com oxigênio, seja através de um campo energético mais sutil, já que, quando vibramos positivamente, sintonizamo-nos à vibração do Cosmos, que nos presenteia com exatamente aquilo que precisamos, em um dado momento, para expressarmos nossa potencialidade.

A vivência espiritual nos ensina que integramos uma Totalidade, e por isso, estamos conectados a ela e às demais partes integrantes; logo, não existe separação entre nós, os outros seres e o Universo. Somos uma unidade. Sendo assim, para que o Todo possa evoluir, temos que buscar nossa própria evolução e fazer o que estiver ao nosso alcance para que todos os seres também evoluam e sejam felizes. É justamente essa visão altruísta que transborda em nós quando nos conectamos à nossa essência. Viemos todos da mesma Fonte e a Ela retornaremos quando deixarmos esse plano. Não há outro caminho, portanto, que não seja o amor, a compaixão, o cuidado e o respeito por nós mesmos e pelo próximo. A nossa felicidade está atrelada à felicidade alheia, assim como a perda do outro também é a nossa. Não estamos aqui para competir e ser melhor que o outro, mas para melhorar com o outro. Temos de deixar nossa contribuição para que a harmonia prevaleça entre tudo e todos.

Façamos uma breve análise de como o mundo se apresenta na atualidade. Mata-se a troco de nada, a intolerância, o preconceito, a ganância, a impaciência e o egoísmo tomam conta das relações humanas. Ocorre que, se não nos livrarmos dessa ilusão separatista, não poderemos alcançar a tão almejada plenitude. Como podemos ser plenos se não comungamos com o que está à nossa volta? Nesse cenário, uma visão altruísta é primordial para evoluirmos e alcançarmos a paz interior. Devemos nos esforçar para agir de forma consciente e responsável a fim de tocar o coração daqueles que nos cercam. Não há recompensa maior do que a alegria indescritível que jorra de nossa alma quando fazemos o bem e ajudamos o próximo. E a melhor ajuda que podemos oferecer é ser ao lado do outro. Ser exemplo de força, de coragem, de leveza e de gratidão.

Outro aspecto indispensável para vivenciarmos a espiritualidade é a fé. Ela nos auxilia na transformação mental e na afloração da alma. A fé permite que os sentimentos mais puros, que já existem dentro de nós, venham à superfície. Ela desperta o nosso lado mais humano. Na vida, inevitavelmente teremos de passar por momentos de dificuldade, seja no âmbito da saúde, no profissional, social e afetivo. Tais momentos, contudo, sempre deixam alguma lição necessária para a nossa evolução. Por pior que pareçam, eles vêm para nos fortalecer. Além disso, não devemos nos concentrar nas dificuldades, mas naquilo que queremos alcançar. Tudo acontece como deve ser, e é lindo, exatamente assim. Dessa forma, não há mal algum em cairmos, desde que consigamos nos levantar para continuar a caminhada. Aquele que tem fé, mesmo que caia, terá força e ânimo para se levantar. Com fé, nossas dúvidas e nossos medos desaparecem. Desenvolvemos nossa capacidade de anular os padrões negativos de pensamento, que nos deixam retraídos, bloqueados, e nos tornamos livres para ir atrás do que acreditamos.

O exercício da fé desperta nossa consciência de tal forma que nossas ações passam a ser amorosas. Um dos atos de amor que praticamos quando vivemos a espiritualidade é o ato de entrega. Trata-se de uma maneira de nos relacionarmos com nosso próprio Ser e com a energia do Universo. Entregar significa se colocar em movimento e confiar na Energia que move todas as coisas. Ou seja, a entrega deve ser passiva e ativa, simultaneamente. Passiva no ato de receber os presentes que a vida nos dá, e ativa no ato de se colocar em movimento, de responder aos impulsos da vida. Temos que agir, fazer de tudo dentro de nossas possibilidades para alcançarmos os nossos objetivos. No entanto, não podemos ter o controle de tudo. Precisamos estar em sintonia com o Cosmos para que trabalhemos juntos. Quando nos comportamos ativamente e conscientemente, o Universo trata de nos enviar o que precisamos para completar o trabalho. Não significa, portanto, ficar parado, de braços cruzados, achando que um presente cairá do céu, mas viver com foco, disciplina, e confiar na Unidade da qual fazemos parte. Contudo, é preciso estarmos atentos para percebermos as oportunidades que surgem à nossa volta. Entregar-se significa se permitir fluir com o fluxo da vida.

Não é raro nos depararmos com pessoas que se questionam sobre o sentido de suas vidas. Muitas têm uma boa condição financeira, uma família estruturada, um status, são reconhecidas pelo que fazem, mas não se sentem completamente realizadas, afinal, convivem com uma sensação de vazio. Percebem que algo lhes falta, mas não conseguem identificar exatamente o que é. Esse vazio pode significar um chamado interno para voltarmos nossa atenção para dentro de nós, o que nos levará à nossa verdadeira essência. O desenvolvimento da nossa percepção interna nos ajuda a perceber o que nos deixará, de fato, felizes e realizados.

O caminho espiritual é muito benéfico para os jovens, já que ao percorrê-lo nos tornamos mais calmos, confiantes, perseverantes e motivados. Como integrantes da geração Millenial, temos um papel fundamental em criar um ambiente melhor para os nossos filhos, netos, bisnetos etc. Temos que nos utilizar conscientemente da nossa curiosidade, energia, criatividade e força de vontade, inerentes à juventude, a fim de deixarmos a nossa contribuição para a evolução de todos os seres do planeta. Carregamos tal responsabilidade de transformar nosso mundo em um local mais harmonioso, equilibrado e pacífico, para que as futuras gerações tenham condições de viver bem. Esse intenso período de aprendizado e descobertas pelo qual estamos passando deve ser aproveitado para construirmos bases sólidas, tais como o amor, a compaixão, a empatia, a atenção e o respeito, por nós e pela Totalidade, sobre as quais poderemos nos apoiar ao longo de nossas vidas.

Alinhados à Energia que anima a nossa alma, abrimo-nos para o mundo. Adotamos uma postura mais otimista em relação a qualquer situação. Passamos a perceber que a vida é um grande quebra-cabeça e que cada acontecimento é uma de suas peças. Ou seja, tudo se encaixa, tudo passa a fazer completo sentido, afinal, nossas ações passam a ser impulsionadas pelo propósito maior que dissolve nossas angústias. Tornamo-nos mais sensíveis e aprendemos a agradecer pela beleza e sincronia entre aquilo que buscamos e o que alcançamos, pois temos a certeza de que tudo que chega até nós vem para contribuir com o nosso processo evolutivo. Uma vontade enorme de abraçar tudo e todos passa a tomar conta do Ser, e o coração se torna nosso grande mestre. Seguimos o que ele nos diz sem questionar, afinal, temos fé em nós mesmos e sabemos aonde queremos chegar. Falando em chegada, aprendemos que ela não é a melhor parte do caminho. Até porque aonde queremos chegar nem sempre é aonde precisamos chegar. Desenvolvemos, pois, nossa flexibilidade para lidar com os imprevistos e recalcular a rota. A melhor parte é o próprio caminho, ao longo do qual escrevemos nossa história.

A vivência espiritual nos ensina que a vida é um presente maravilhoso que nos foi dado e que não estamos nessa Existência por acaso. Já que recebemos essa graça, cumpramos a nossa missão. Como todo presente, devemos receber a vida com muita gratidão e desfrutá-la da melhor forma possível. E a melhor forma de viver a vida é amar incondicionalmente a si e ao próximo. É estar presente por inteiro em todos os momentos, afinal, passado e futuro são meras ilusões mentais. É transcender o ego para nos livrarmos do descontentamento. É compartilhar conhecimento, trabalhar e progredir com o próximo. É aprender com nossos erros. É aceitar as coisas como são, e, se estivermos incomodados, agir com consciência para transformá-las. É sentir prazer em tudo. É conhecer a si mesmo para se reconhecer no próximo. É espalhar a bondade e a generosidade.

Renan Ferreirinha, nascido em 1993, São Gonçalo (RJ), estudante de Economia e Ciências Políticas na Universidade de Harvard.

Meu propósito: Fazer da educação brasileira modelo mundial de excelência e equidade.

Gabriel Dolabella, nascido em 1995, Taubaté (SP), estudante de Direito na Fundação Getúlio Vargas.

Meu propósito é repensar nosso Estado para que possamos garantir oportunidades para todos os brasileiros.

Protagonismo Jovem na Educação Brasileira

A educação é a arma mais poderosa
que você pode usar para mudar o mundo.
Nelson Mandela

Os últimos anos têm sido difíceis para aqueles que sonham com um Brasil com maior igualdade de oportunidades. Escândalos políticos têm testado a fé da população. Em momentos como esse, nossas ações, enquanto sociedade, precisam ser focadas em uma agenda estratégica, com sustentabilidade a longo prazo.

A formação de cidadãos mais conscientizados e comprometidos com os desafios sociais, políticos e econômicos que enfrentamos deve ser o próximo passo nessa jornada. Incentivar a pesquisa e a ciência no país, bem como a formação de uma mão de obra mais qualificada devem ser objetivos comuns do Estado brasileiro. O ponto de partida comum dentre todos esses objetivos é uma educação de qualidade.

Dessa forma, não há investimento mais seguro e sustentável do que aquele que começa nos bancos de nossas escolas, instigando que cada jovem brasileiro possa sonhar e contribuir para nosso avanço como país.

Para nortearmos o Brasil na temática da educação, um profundo debate do que se quer e se espera do nosso sistema educacional não é apenas necessário, é urgente. Todavia, a grande questão é saber quem participará desse debate, pois avançaremos, ou não, a depender dos atores que venham a contribuir e enriquecer nesse processo de construção do amanhã.

Até então, as discussões e decisões do setor foram restritas a um nível muito técnico, de forma que apenas especialistas debatiam o presente e o futuro da nossa educação. Tal dinâmica mostrou-se ineficaz, e uma nova estratégia deveria ser traçada.

Precisamos fomentar debates mais inclusivos, que garantam a participação da sociedade civil, sobretudo por meio do jovem. A pauta de aspirações para a nossa educação deve levar fortemente em conta as inquietudes desse grupo.

Para isso, surgiu o Movimento Mapa Educação. O Mapa tem como missão lutar por uma educação de qualidade para todos os brasileiros, fazendo do jovem o protagonista da mudança. Acreditamos que a educação é o principal motor para um país sem desigualdade.

Nossa história começa em 2014. Motivados por histórias e contextos pessoais diferentes, um grupo de jovens reuniu-se com o intuito de fazer algo que pudesse impactar e mobilizar o país como um todo em prol da pauta educacional durante as eleições daquele ano. O que nos deixava mais irrequietos era o fato de estarmos em ano eleitoral e a agenda educacional não prosperar nos debates presidenciais. Sendo assim, lançamos o *Manifesto Mapa do Buraco*, um documento que aponta os principais buracos e gargalos da educação brasileira. O manifesto foi fruto de 104 entrevistas com líderes da sociedade civil, ex-ministros e secretários de educação, empreendedores, empresários, políticos e professores. Em suma, pessoas que já haviam lidado com o dia a dia e com os desafios de avançar com a educação brasileira.

Tivemos uma grande repercussão e fomos capazes de organizar a única sabatina educacional das chapas presidenciais que chegaram ao segundo turno das eleições de 2014. Contudo, não era o suficiente. Por maior que fosse a mobilização, por maior que fosse o apoio, a classe política não parecia se importar muito com a agenda educacional. Não desistimos do nosso sonho e vimos que, para garantir que a agenda educacional ganhasse o cenário político nacional, teríamos que mobilizar um time com base em dois pilares: a fiscalização política e a produção de um conteúdo que pudesse qualificar o debate. Nasce o Movimento Mapa Educação.

O Mapa, hoje presente em todos os Estados brasileiros, luta pela melhoria da nossa educação em duas frentes principais. Primeiro, criando debates sobre temas centrais à educação do país, para considerar argumentos diversos e chegar à melhor solução possível, e também para levar esses debates para a casa de todos os brasileiros. Segundo, atuamos diretamente frente a nossos representantes eleitos, exercendo nossa cidadania e exigindo deles as medidas necessárias para melhorar a educação no Brasil. Dessa forma, nossos esforços são centrados com a visão de nos tornar referência na fiscalização de políticas e no debate educacional para que a educação seja, de fato, uma prioridade na agenda nacional.

O ponto central é não perdermos a oportunidade ímpar de pautar as discussões dos novos rumos do Brasil, de maneira suprapartidária, como um projeto de Estado, incluindo o jovem ativamente nesse processo.

Referir-se aos jovens e à nossa juventude dessa forma pode passar uma errônea sensação de homogeneidade. Em um país continental como o Brasil, só se pode falar em uniformidade em relação à juventude quando a temática é a vontade de mudar o nosso país para melhor. Justamente por essa diversidade de anseios associada à sinergia de um sonho grande amplamente compartilhado, a participação dos jovens de todas as regiões do país, desde as áreas mais remotas às metrópoles mais populosas, é tão importante.

A criação e fomentação de ideias por meio do protagonismo jovem será determinante para a elaboração de um sistema educacional mais inclusivo, solidário e colaborativo. Só assim, escolhendo a educação de qualidade como prioridade para o desenvolvimento do Brasil, é que conseguiremos construir uma país de oportunidades.

Neste dia, como descrito no Manifesto Mapa do Buraco, nosso orgulho nacional será poder dizer: "Neste país, nenhum outro caminho é tão valioso e tão promissor, para cada uma de nossas crianças e jovens, como o caminho do conhecimento".

Bruno Souza, 28 anos, empreendedor, *coach* de carreira, orientador profissional e mentor de negócios. Sócio idealizador da Brun Ensino Personalizado, Aprenda e Empreenda e Markteen. Sócio mentor do Romanos preparatório militar, e Soul Idiomas.

Tenho como propósito impactar e contribuir para a mudança na educação brasileira, auxiliando jovens e adolescentes a descobrirem e desenvolverem suas habilidades e seus potenciais, a fim de tomarem decisões profissionais conscientes e maduras. Como resultado, obterem felicidade profissional e pessoal, transformando-se em protagonistas sociais.

Guilherme Lopes, 28 anos, biólogo, empreendedor, *coach* e mentor de negócios.

Hoje sou sócio e diretor da Brun Ensino e Aprenda e Empreenda, sócio e mentor da Skilos Produções, Soul idiomas e Romanos preparatório militar.

Tenho o propósito de ajudar as pessoas a descobrirem suas capacidades e realizarem grandes coisas com ela.

O que Fazemos Faz a Diferença

Duas estradas num bosque se bifurcavam, e eu, a menos percorrida trilhei. E isto fez toda a diferença.

(A estrada não percorrida, de Robert Frost)

Os Personagens da História

Bruno Souza, 28 anos, empreendedor na área educacional, *coach* de carreira e orientador profissional. Descobriu que poderia desenvolver outros talentos na área profissional, além de ministrar aulas de Matemática em seu primeiro projeto, a Brun Ensino Personalizado. O seu sonho é impactar e contribuir pra a mudança na educação do Brasil, auxiliando adolescentes a descobrirem e desenvolverem suas habilidades a fim de tomarem decisões profissionais conscientes e maduras. Como resultado, os jovens obterão felicidade profissional e pessoal, transformando-se em protagonistas sociais.

Guilherme Lopes, 28 anos, divide seu tempo entre mentorar empreendedores que estão começando, *coach* e dirigir os professores da Brun Ensino Personalizado, além de ser pai da Abigail – um *mini pig* digital *influencer* no Instagram. Em todas essas atividades, seu objetivo é ajudar as pessoas a dar propósito para a vida delas, escolhendo a melhor aventura a ser vivida.

Quem Somos Hoje

Nós, hoje, temos o prazer de ver nossos alunos, professores e amigos descobrindo suas habilidades, novos caminhos, alguns deles como empreendedores, contando conosco como parceiros para tirar as suas ideias do papel. Hoje, já são três empresas funcionando efetivamente e mais quatro iniciativas cujas hipóteses estão sendo testadas a fim de que o melhor caminho para o crescimento seja descoberto. Quando percebemos todos os resultados, até rimos, pois ao olharmos para quatro anos atrás, vemos que não tínhamos praticamente nada...

Vemos essas iniciativas impactando a nossa cidade, São Gonçalo, cidade de gente humilde, trabalhadora e com pouca expectativa. Estamos reescrevendo a forma como as coisas são feitas, e sempre nos dizem: "São Gonçalo não é lugar para empreender".

Em nosso curso, observamos os alunos alcançando grandes objetivos não porque são "gênios", mas porque são perseverantes, tiveram apoio e acreditaram que poderiam ser maiores. Vemos essas pessoas que hoje convivem com a gente se empoderando, amadurecendo, aceitando desafios e encarando seus medos.

Tanto esforço em fazer o melhor trabalho possível trouxe reconhecimentos. Ganhamos prêmios por nossas iniciativas. Fomos premiados como o melhor projeto em 2014, no programa Shell – Iniciativa Jovem, com a Brun Ensino Personalizado, e premiados em 2015 como o melhor projeto social e o melhor negócio apresentado na Campus Party, com o Aprenda e Empreenda.

Queríamos ter o direito de dizer que é tudo culpa nossa, mas não é. Nós iniciamos e mantemos a brasa viva, gerando uma cultura de aprendizado e colaboração, mas o desenvolvimento depende do esforço contínuo e individual para participar do todo. As pessoas precisam que você acredite nelas, por isso queremos partilhar parte dessa nossa história com você.

Início até Chegar no que Somos

Uma noite – impossível de ser especificado o dia –, bem no início da parceria, estávamos sentados na varanda da Brun Ensino, passava das 23h e o tempo estava ameno – coisa rara em São Gonçalo, onde é sempre calor –, tivemos a certeza de que faríamos diferença na vida das pessoas. O início do pré-vestibular e dos demais projetos, ao mesmo tempo, deixava todos extremamente cansados. Além de assumir a direção, dávamos aula, limpávamos, pintávamos e realizávamos tudo que fosse necessário dentro do curso. Tínhamos uma ótima equipe, não tão grande quanto o sonho pedia, ainda, mas, olhando para tudo ao redor, guardamos a certeza de que todo aquele esforço não seria em vão. Não sabíamos o desfecho, mas tínhamos a certeza de que seria bom.

De Adolescentes a Empreendedores

Eu, Bruno

Aos 17 anos, não sabia o que queria fazer da minha vida. Via meus amigos decididos e focados, mas não entendia por que uma nota determinaria o que eu seria profissionalmente, tampouco por que o ENEM deixava as pessoas ansiosas e preocupadas. Sempre gostei muito de música (toco teclado, violão e canto) e tinha uma banda na escola, bem na temida época do "terceirão". Não era uma banda qualquer, era um grupo de PAGODE! Sim, no meu ensino médio eu queria ser pagodeiro. Enquanto meus amigos estavam estudando para o ENEM e sabiam o que queriam, eu era o "Bruno Chocolate", do *Pura Sedução*. Uma observação importante: eu estudava no Colégio Militar do Rio de Janeiro.

Nessa mesma época, comecei a dar aula de violão para ganhar um "dinheirinho". Ainda encontro algumas pessoas que tiveram aula comigo na rua, e um aluno virou guitarrista, influenciado pelas minhas aulas.

Pois bem, muitas pessoas me achavam maluco, ou até "vagabundo", pois não estava estudando com a mesma intensidade que os demais. Em nenhum momento da minha vida me levaram à reflexão acerca de ser "alguém" quando crescesse. No período escolar aprendemos muito conteúdo para fazer a prova e replicar, procuramos o valor de X na questão, mas não aprendemos o nosso real valor. Muitas pessoas desistem da faculdade ou estão insatisfeitas, pois tomam decisões imaturas, visto que não se conheciam e/ou nunca olharam para as suas habilidades, tampouco buscaram suas inteligências – até por não terem sido apresentadas a elas.

Na época do *Pura Sedução*, o Sargento do colégio pediu para que eu ajudasse um aluno do sétimo ano que estava com notas ruins em matemática. Não me achava a pessoa capacitada para isso, pois não era o melhor aluno da sala. Não sabendo o que falar para o sargento, aleguei que não saberia o conteúdo, e ele questionou: "Como você chegou até o ensino médio sem saber o conteúdo do ensino fundamental?". Fiquei sem reação, sem poder negar! Então passei a auxiliar o aluno, que se dirigiu até a minha casa para que eu pudesse ensiná-lo, de forma gratuita.

Depois de algumas aulas, ele tirou um "notão" na prova e disse: "Bruno, você explica muito melhor que meu professor da escola. O que aprendi com você eu não tinha conseguido aprender com ele". Fiquei em choque! Como assim "eu ensino melhor que um professor", que tem anos de magistério? O pai só me agradecia demais por ter motivado o filho dele nos estudos, já que estava tão preocupado com a situação dele, porque corria o risco de repetir de ano. Enfim, descobri uma habilidade: o dom de poder ensinar às pessoas. Resolvi cursar Matemática naquele ano de vestibular.

Aos 23 anos, resolvi empreender! Não tinha recurso financeiro algum, apenas um teclado musical, pois amava tocar. Tinha muita vontade de fazer algo impactante. Percebi que precisava fazer dinheiro para abrir a Brun Ensino, então vendi meu teclado e consegui R$ 1 mil para começar a minha primeira empresa, a Brun Ensino Personalizado. Comecei no meu apartamento. Na época, meus pais chegavam lá ou me ligavam e pediam para falar com o "Prof. Bruno", mas deparavam-se comigo: um menino. Esse foi – e continua sendo – o maior problema que passo ainda hoje, pois as pessoas esperam encontrar alguém mais velho, usando óculos e barrigudo – no estilo do professor aloprado –, todavia encontram um rapaz novo, que julgam não ter experiência suficiente.

Eu, Guilherme

A minha história é um pouco diferente: desde criança já sabia exatamente o que queria fazer. Queria trabalhar com animais, sempre fui apaixonado por natureza e por bichos, minha casa parecia um zoológico, e cheguei a ter mais de 20 animais ao mesmo tempo. Quando perguntavam o que eu queria ser quando crescesse, sempre respondia: "Biólogo, porque quero ir ao atol das rocas e só biólogos podem entrar lá". Isso, no auge dos meus seis anos de idade. Desde pequeno, lia enciclopédias e via documentários, sabia que servia para aquilo, era natural.

Além de saber exatamente o que queria fazer no futuro, sempre gostei de desenvolver minhas ideias. Na escola, quando criança, organizei o Clubinho dos Meninos, e inventei um jogo específico para a minha turma. Como a direção não deixava jogar futebol, fazíamos esculturas e desenhos, tudo de forma autodidata.

Cresci na igreja, o que me trouxe senso de responsabilidade, oportunidades de estar na liderança e, aos 15 anos, estava liderando outros cinco adolescentes que, em um ano, já era um grupo próximo de sessenta pessoas. Tinha muita vontade de ensinar aos outros sobre como liderar e tirar as ideias do papel, mas não sabia o nome disso, só sabia que servia para essa coisa de fazer as coisas acontecerem. Eu sequer imaginava que era o embrião do Aprenda e Empreenda nascendo.

Essa convivência na igreja trouxe amigos desde o berço. Nós ficávamos todos juntos, à toa, no domingo à tarde. Juntando isso com um celular com câmera e o surgimento do YouTube, começou meu primeiro empreendimento: a Skilos. Inicialmente fazíamos vídeos de comédia, extremamente ruins, para colocar no YouTube. Com a experiência de trabalho e amigos autodidatas, veio mais qualidade na produção e no material apresentado. Começaram a nos chamar para produzir alguns materiais e nós começamos a dar um caráter educativo para o nosso conteúdo.

Entrei para a faculdade de Biologia, comecei a estagiar em um laboratório de pesquisa em Tecnologias Celulares no INTO – Instituto Nacional de Traumatologia e Ortopedia. Apresentei a Skilos para o chefe do laboratório. Ele gostou muito da qualidade dos vídeos e propôs sociedade para mim e meus amigos, ainda moleques, atordoados com essa possibilidade, pois nunca havíamos ganhado dinheiro para produzir. A Skilos começou a se erguer como produtora profissional, e eu iniciei minha carreira de Biólogo, como sempre sonhei.

Primeiro participei de um projeto de conservação de baleias chamado Baleia Franca, depois de conservação de sapos na própria faculdade, e acabei parando em um projeto de conservação de jacarés, chamado Instituto Jacaré, nas lagoas de Jacarepaguá, onde trabalhei por três anos e meio. Durante a faculdade dizia que tinha três objetivos: dar aula, fazer um documentário e abrir uma empresa.

Até então, minha vida estava indo exatamente como eu esperava: a Skilos Produções estava fazendo grandes contatos, como Discovery Channel e Scientific American, a conservação de jacarés estava ganhando notoriedade na mídia, estava desenvolvendo um plano de negócio para começar uma fazenda de jacarés e já tinha até investidor, mas próximo do fim da faculdade, as coisas mudaram. Meu investidor desistiu do projeto, minha monografia não se desenvolveu como o desejado, a Skilos Produções não fechou os contratos esperados, e eu entrei em profundas crises existenciais e depressão profunda.

Não tinha ideia de que era depressão, só sabia que estava mal, não conseguia fazer nada e nem sonhar como sonhava antes. Estava me sentindo ruim em tudo e, desesperadamente perdido, tentava sair da situação, mas não via nenhuma luz, não me via mais como Biólogo, sentia que havia falhado na faculdade, na empresa e em todas as outras coisas. Até que veio a oportunidade de trabalhar na Brun Ensino Personalizado.

Início da Brun Ensino

No princípio, a Brun era só o Bruno. Com o tempo, os alunos passaram a procurá-lo querendo saber se ele podia dar aulas de História, Química ou Português. O trabalho estava sendo divulgado e os alunos apresentavam particularidades no aprendizado, logo, o conteúdo e a abordagem eram diferentes com cada pessoa. Com as leituras acerca da Educação, Bruno ganhou mais interesse pelo tema e se apaixonou de vez. Sabia que deveria fazer algo pela causa. A partir disso, agregou o sentido, surgindo a missão de ajudar os alunos, com suas dificuldades e potenciais, a fim de que se tornassem pessoas impressionantes. O objetivo da Brun seria personalizar o ensino para que cada aluno pudesse aprender do seu jeito e no seu tempo.

Após três anos de história, a Brun já contava com uma bela equipe de professores. Nós, que já éramos muito amigos, trocamos muita ideia sobre empreendedorismo, pois havíamos feito o mesmo curso na UFF, sobre o mesmo tema, e a seleção para o Shell Iniciativa Jovem, projeto de incentivo ao empreendedorismo jovem. Ao perceber que a Brun precisava de um sócio para dividir as responsabilidades e continuar crescendo com a Brun Ensino, Guilherme tornou-se sócio do curso. Bruno, ótimo com números e vendas; Guilherme, excelente em liderança e inovação. Formamos, assim, uma grande dupla. Nós dois dividíamos o mesmo sonho: impulsionar e direcionar as pessoas para que elas descobrissem as suas habilidades e, enfim, tomassem melhores decisões na vida, transformando-se em protagonistas delas, mudando suas realidades e utilizando a Brun Ensino Personalizado como o carro-chefe para realizar seus objetivos.

A Visão da Brun

Nossos adolescentes, por exemplo, sofrem nos seus últimos anos do ensino médio, pois precisam tomar uma decisão: a sua escolha profissional. Chegam no terceiro ano – mas arrisco dizer que começa já no primeiro ano –, e a prioridade é o vestibular. Alguns alunos se martirizam achando que é o fim, visto que não haverá escola no próximo ano, as responsabilidades mudarão e terão que começar a escolher como adultos, o que até então não foi ensinado a eles.

Existem muitas coisas além da formação, mas os jovens estudantes veem o ENEM como o fim da linha. Vivem sob pressão, morrem de ansiedade e chegam a chorar. Estão exaustos, sempre cansados. Desanimados! Ficamos comovidos com essa situação, afinal, é difícil decidir uma vida aos 17 anos.

Muitas pessoas passam por árduas decisões por falta de maturidade. Não foram acostumadas a tomar decisões importantes. Ora, é fácil escolher a roupa que vai vestir, o jogo preferido ou para onde ir. E, de repente, ter de decidir a profissão para o "resto da vida". Definitivamente, não é nada fácil, ainda mais para um adolescente. Percebemos que faltava autoconhecimento – processo pelo qual nós passamos – e começamos a estudar sobre o tema para poder ajudar nossos alunos.

A lógica natural é estar no ensino fundamental e torcer para chegar no ensino médio, pois este é mais importante. Ao chegar no topo escolar, torcemos para acabar. No terceiro ano (lê-se "terceirão"), estamos tensos porque virá o ENEM. E, já na faculdade, estamos preocupados em, finalmente, ser alguém. Ter futuro, ter dinheiro. Estamos sempre buscando crescer, sem necessariamente pensar no processo em si.

E a Brun vem para ajudar esse aluno a aprender a estudar e se autoconhecer, para que toda essa jornada faça sentido para ele. A jornada não precisa ser igual para todo mundo, o vestibular não precisa ser o primeiro passo da carreira profissional de todos. Pesquisas apontam que 65% das crianças que estão no ensino infantil vão trabalhar em empregos que ainda não existem. E acreditamos que conhecer suas inteligências e habilidades traz a liberdade para que você consiga se reinventar e tomar as decisões necessárias para formar seu futuro. Por isso, fizemos questão de colocar nossa história, pois a visão de mundo e a metodologia que utilizamos para fazer a diferença na vida das pessoas vem de um aprendizado constante, por meio de livros e da experiência de vida.

A cultura que temos desenvolvido na Brun faz com que vejamos pessoas se desenvolvendo constantemente. O trabalho em equipe e o foco em empoderar as pessoas nas suas habilidades têm trazido diversos resultados, como estes que serão mostrados:

Cases

Case 1: Maria Clara, a menina desesperada que virou escritora

Um dos casos é o da Maria Clara. No oitavo ano, a sua grande dificuldade era Matemática, com notas abaixo da média. A mãe havia tentado várias formas, como aulas particulares, e estava com medo da filha ser reprovada. Eu, Bruno, olhava o caderno da Maria e via tudo misturado, desorganizado. Ela não fazia ideia do que estava aprendendo. Conversando com ela, vi que tinha criado bloqueios e não se achava capaz de aprender Matemática. Nesse momento, percebi na Maria um brilho que a Matemática não poderia apagar. Ela tinha outros talentos, se expressava bem, era comunicativa.

Disse a ela tudo isso, e pude ver sua mudança; a partir disso a conquistei e, juntos, encontramos estratégias. Ao fim do ensino médio, a Maria nunca mais ficou de recuperação, e o melhor: já conhece (e reconhece) suas habilidades, e já sabe o que quer fazer. Maria é escritora (e poetisa); inclusive, é a narradora que lhes escreve nesse momento, agora ainda mais firme! E será, além de uma escritora de sucesso, uma ótima redatora, jornalista, assessora, dentre outras coisas. Guarde isso, ela será grande!

Case 2: Fellipe, o menino NASA

Fellipe Franco, um menino tímido que nos procurou no nono ano, fez um curso conosco e passou para o Colégio Pedro II. Começou a crescer no CPII, participar de competição de robótica, entre outras, e foi premiado. Ele nos surpreendeu ao ser aprovado para Engenharia Química na UFF, ainda no segundo ano do ensino médio. Foi chamado pela UFF e teve que conciliar o terceiro ano com a faculdade. Como assim?! Pois é, ele fez isso! Em 2017, já concluída a escola, resolveu trancar o curso e rever suas prioridades. Organizou um grupo para competir na

NASA Rover Challenge, uma competição na qual nenhum brasileiro tinha se inscrito até então. Eles conseguiram entrar para a competição. Os SpaceTroopers – grupo do Fellipe – ganharam diversos apoios, entre eles, R$ 30 mil no Caldeirão do Hulk, para arcar com o transporte do carro e gastos por lá, além da vaquinha on-line. Não ficaram entre os primeiros na competição, mas ganharam dois prêmios de reconhecimento! Com isso, obtiveram visibilidade, como entrevistas em jornais, TV e até convite para fazer um curso na Alemanha. Ele, com 18 anos, foi determinado e conquistou, em meio a tantas possibilidades que, até então, não existiam. O novo sonho dele é fazer uma formação fora do país, além de continuar o seu próprio curso de robótica, incubado dentro da Brun Ensino, com a nossa mentoria, para que não perca o foco dentro de tanta capacidade.

Case 3: Rômulo, de aluno a sócio investidor

Rômulo está na Brun faz aproximadamente três anos. Ele tinha muita vontade de ir para o Colégio Pedro II, mas ao fazer a prova, no nono ano, não passou por conta do nervosismo. Seguiu então em uma escola particular, mas cogitava fazer a prova novamente. Mesmo sendo necessário refazer o primeiro ano, ele decidiu fazer a prova. Preparou-se e passou. O impressionante, entretanto, não é isso! O que mais nos impressionou foi a ousadia realizada este ano. Ao chegar ao evento Open House, na Brun, ficou conversando sobre política, futuro, economia e, de repente, ele virou e disse:

– Bruno, acredito muitos nas suas ideias. E quero investir na Brun!

E, então, ele disse que os pais juntaram dinheiro e que ele tinha uma quantia aplicada na poupança. Ficamos impressionados! Como nosso aluno de 16 anos chegou nesse nível de mentalidade, e com essa atitude. Decidimos chamar o pai dele para conversar e ele disse que apoiava as decisões do filho. Para ter certeza de que era uma decisão madura, tivemos alguns encontros de mentoria a fim de alinhar a visão e entender como nosso, até então aluno, pensava. O Rômulo, incrivelmente fruto da Brun, aos 16 anos torna-se nosso aluno investidor.

Case 4: Gabriel, aquele que fez dinheiro render

Também em 2017, um aluno nosso chamado Gabriel, 17 anos, perguntou ao Bruno como precisava fazer para ganhar R$ 1,2 mil em duas semanas. Perguntei para ele o motivo de precisar daquele valor em tão pouco tempo. Ele foi bem claro em seu propósito, então sabia que, pelo objetivo dele, conseguiria. Conversei e apliquei algumas técnicas de *coaching*, além de organizarmos estratégias. O Gabriel saiu da sala com muito gás! De fato, ele conseguiu o dinheiro e, para minha surpresa, antes do tempo: arrumou R$ 1,2 mil em apenas UMA semana. Além disso, passou a ser nosso monitor de Física, Matemática e nos ajuda em diversos eventos na Brun.

Case 5: Douglas, o empreendedor

Douglas fez o curso de preparação para o vestibular conosco, passou para Português-Inglês na UERJ e, no ano seguinte ao vestibular, era nosso monitor de Português. Depois veio nos procurar com vontade de empreender e criar um curso de idiomas. Em janeiro de 2017, começamos a mentorar o projeto dele. Nos quatro meses iniciais do projeto, a Soul Idiomas já tinha mais de trinta alunos. Nessa mesma época, um professor de Biologia chamado Gabriel começou a se destacar. Ele já tinha experiência no exterior e no ensino de Inglês. Vendo as expertises deles, os incentivamos a serem sócios. Com seis meses de curso, abriram outras unidades pelo Rio de Janeiro e São Gonçalo, chegando a quase o dobro de alunos em oito meses de empresa. Eles entraram para o programa do qual fizemos parte, o Shell Inciativa Jovem. Tudo isso em menos de um ano. Garanto: ainda ouvirão falar muito da Soul Idiomas!

Case 6: Renato, o engenheiro, professor

Renato, formado em Engenharia Mecânica e apaixonado pela Educação. Dá aula desde o início da faculdade. Foi o primeiro negócio que mentoramos. Começou seu curso, Preparatório Romanos, focado em concursos militares, em novembro de 2016. A última turma formada teve 75% de aprovação no concurso desejado. Faltava, para ele, foco e o conhecimento sobre empreendedorismo. Em parceria, nós estamos fazendo o sonho se tornar realidade.

Case 7: Thiago, o cara dos jogos

Thiago, nosso mentor de Geografia, sempre pensa em formas inovadoras de como ensinar. Um hábito que temos na Brun é tornar os processos colaborativos. Em uma das reuniões em que estávamos apresentando possíveis mudanças para o pré-vestibular, o Thiago trouxe a ideia de o "gameficarmos". Isso gerou toda uma nova dinâmica na turma. Começamos a desenvolver um aplicativo para tornar essa dinâmica automática. Hoje, em parceria com um grupo de alunos do CEFET, o aplicativo está em fase de finalização

Arrisque-se!

É preciso arriscar. Começamos nossas jornadas sem certeza do que poderia acontecer, mas nos colocamos à prova. Essa atitude, sobretudo, trouxe aprendizado constante, e o utilizamos para crescer. O que percebemos, após uma carreira de sete anos como empreendedores – três, desses sete, trabalhando juntos – é que 1+1 pode ser maior que 2. A sociedade, parceria e amizade possibilitou e possibilita realizações de diversas outras pessoas além de nós mesmos. Buscamos gerar uma cultura de inovação, de forma que as pessoas tenham o direito de errar e colaborar, e a troca de ideias é essencial para que tudo dê certo. Qualquer um pode realizar algo e ser um iniciador de mudanças constantes no lugar onde está. Para isso, basta saber suas habilidades e seguir bons valores pessoais.

Ninguém faz sucesso sozinho e sem ajuda. Nós fomos ajudados, estimulados e mentorados por diversas pessoas em nossos caminhos e, hoje, buscamos fazer o melhor para as pessoas ao nosso redor. Temos uma equipe excelente, que compra as ideias e, muitas vezes, faz melhor do que nós mesmos. Na mesma intensidade que transformamos a vida das pessoas, esses alunos, professores e funcionários impactam a nossa vida, mostrando que fazer a diferença é força de vontade e não acontece por acaso.

Duas estrofes, de poesias maiores, que fazem muita diferença:

"Duas estradas num bosque se bifurcavam, e eu
A menos percorrida trilhei,

E isto fez toda a diferença"
(A Estrada não Percorrida, de Robert Frost)
"O caminho muda, e muda o caminhante
É um caminho incerto, não um caminho errado
Eu, caminhante, quero o trajeto terminado
Mas, no caminho, mais importa o durante"

(A Partida e o Norte, de Estevão Queiroga)

Percebemos que, ao empreender e fazer diferença na vida das pessoas, estamos criando o caminho e, a cada passo que damos, amadurecemos. Experiências são faróis apontados para trás na estrada da vida. Nós podemos até supor o futuro com base no passado, mas só vivendo saberemos realmente como agir. Isso continua nos estimulando a trilhar nosso caminho e a descobrir nossas próprias aventuras, fazendo a diferença nesse mundo.

Maria Clara Alves Santarém, nascida em 1990. Sou bióloga, doutoranda em Biodiversidade e Saúde no Instituto Oswaldo Cruz – Fiocruz e taxonomista apaixonada pela incrível arte de conhecer e dar nome aos seres vivos.

Meu propósito é tornar a vida melhor no planeta através da ciência e educação.

Vocação e Defesa da Vida

A sobrevivência de um organismo depende da sobrevivência do outro

Charles Darwin

No início do século XIV, Charles Darwin – o grande naturalista que elaborou a Teoria da Evolução –, já nos alertava: somos interdependentes. Já estamos convencidos de que o ser humano está em um meio social, histórico e cultural e, por isso, em constante interação um com o outro. Mais do que isso, o *Homo sapiens* está inserido e integrado com o meio em que vive, portanto, deve ser visto também em um contexto ambiental. Quando o homem passa a se ver como parte da natureza, há o surgimento de uma nova visão: a relação entre eles deixa de ser de dominação e passa a ser de interação.

A Convenção das Nações Unidas sobre Meio Ambiente e Desenvolvimento (Eco-92), que ocorreu em 1992, levantou o debate sobre os problemas ambientais, propiciando grandes discussões entre diversos países acerca do desenvolvimento econômico e sua relação com o meio ambiente. Apesar dos avanços conquistados nesse evento, como a criação da Agenda 21, Carta da Terra e a Convenção da Diversidade Biológica, a discussão se deu em torno do uso da natureza com um recurso para o homem, portanto, a ideia de dominação do ambiente ainda predominava. Nessa mesma conferência surgiu o conceito de desenvolvimento sustentável como um "desenvolvimento capaz de suprir as necessidades da geração atual, sem comprometer a capacidade de atender às necessidades das gerações futuras". Aqui, temos a emergência de uma consciência de que os recursos naturais não são infinitos e coloca-se em pauta a preocupação com as gerações futuras. Atualmente, os ambientalistas preferem usar os termos "sustentabilidade" e "sociedades sustentáveis" devido à apropriação do desenvolvimento sustentável pelo sistema capitalista. O fato é que a Eco-92 evidenciou a situação ambiental global e foi determinante para o surgimento da consciência ecológica na população mundial.

É em meio à explosão do ambientalismo que nasce a geração Millenium. As ideias de preservação ambiental, principalmente temas como desmatamento, extinção de espécies e poluição, passam a fazer parte das rodas de conversa e da mídia. Também vivenciamos o acelerado desenvolvimento tecnológico e a globalização. A ciência avança com o surgimento das novas tecnologias, e hoje já podemos manipular DNA, sequenciar genomas inteiros, observar a estrutura detalhada dos organismos com microscopia eletrônica, formar modelos de moléculas em computador etc. A ciência passa a ser atrativa para essa geração: temos o sequenciamento do genoma humano (projeto Genoma), a manipulação genética para a produção de transgênicos no agronegócio, a pesquisa com células-tronco, o crescimento dos casos e do estudo do câncer e a emergência e reemergência de doenças infecciosas. A ciência passa a desafiar os millennials na tentativa de ir cada vez mais longe.

Minha Vocação

Foi essa quantidade de maravilhas que a ciência vinha divulgando que despertou em mim o interesse por ela. As descobertas científicas sempre me fascinaram: tudo era muito novo e muito importante para melhorar a nossa vida. Na realidade, não me recordo exatamente quando decidi trilhar esse caminho, mas acredito que eu sempre quis ser bióloga. Seja produzindo no laboratório, lendo artigos, dando aula ou em trabalhos de campo: eu, definitivamente, nasci para isso. Descobrir a vocação não é algo fácil, principalmente para a nossa geração, que tem milhares de informações sendo jogadas no cérebro a todo o tempo.

Mas eu tive especial facilidade nesse processo. Quando criança, usava um livro antigo de Biologia de Vertebrados, que tinha sido da minha mãe, para recortar figuras para os trabalhos de escola. Sempre fui apaixonada pela leitura e, em uma oportunidade, folheei esse livro: fiquei encantada com a incrível diversidade de formas presentes nos vertebrados. Foi assim que a minha vocação foi despertada. Quando estudante do Colégio Pedro II, fiz parte do Programa de Vocação Científica (PROVOC) na Fiocruz, que visava à inserção de jovens alunos de ensino médio nos laboratórios de pesquisa para vivenciar a prática científica. Nessa oportunidade, fui parar no Laboratório de Díptera (moscas e mosquitos), onde me encantei com a diversidade muito maior de formas dos invertebrados. A vocação precisa não só ser despertada, como precisa ser entendida. Eu sabia que queria estudar Biologia, mas afinal, o que de fato eu queria estudar dentro da Biologia? A participação no PROVOC foi o ponto de partida para este entendimento. Com cerca de 13 anos eu decidi ser bióloga, aos 18 eu decidi que eu queria estudar a biodiversidade. A partir daí, defini as minhas metas pessoais: a faculdade de Biologia, o mestrado em Zoologia e o doutorado em Biodiversidade e Saúde. Em um contexto de catástrofes ambientais, consciência ecológica, surgimento de novas tecnologias, eu escolhi a Vida, em todas as suas diversas formas, como vocação. E a Biologia me escolheu e acolheu. Ainda hoje, quando me deparo com as infinitas possibilidades de vida que existem, com toda a sua complexidade e estruturas metabólicas e toda a sua diversidade de formas, eu me encanto e me entusiasmo.

Quando algo lhe emociona, lhe encanta, faz com que tenha vontade de ser melhor e provoca arrepio e brilho nos olhos, eis aí a tua vocação. Quando a dúvida surge, a reflexão deve ser: se eu seguir esse caminho, serei melhor? Poderei tornar o mundo melhor através desse chamado? Se a resposta for sim, essa é sua vocação. Acredito que toda a transformação no cenário ambiental e tecnológico foram parte crucial do contexto para a minha descoberta vocacional.

Nossa Responsabilidade

Nesse cenário, a consciência de que a humanidade faz parte do sistema natural se torna cada vez mais importante. Nós, enquanto *Homo sapiens*, somos apenas mais uma das espécies que compõem a diversidade de vida na Terra. Apesar disso, temos características peculiares que permitiram a nossa expansão e adaptação aos diversos ambientes terrestres: somos seres sociais, políticos e culturais. Essas particularidades nos tornaram capazes de intervir no meio ambiente de maneira que os outros seres vivos não podem. Essa compreensão de que o homem é parte integrante da natureza e capaz de interagir e interferir nela de forma única, nos torna os principais agentes responsáveis pela sua conservação. Mais do que isso, temos a responsabilidade de cuidar do ambiente para mantermos a nossa sobrevivência. A natureza é uma rede de participação cooperativa: não há como mexer em um elo sem afetar os outros, e somente juntos podemos manter essa rede de interação.

Felizmente, diversas pesquisas já indicam que a visão de que algo precisa ser feito para evitarmos as catástrofes ambientais e garantirmos a sobrevivência da nossa espécie está presente nos millennials. Apesar disso, o consumo cresce aceleradamente e somos a geração que mais consome na história! Consequentemente, temos aumento dos impactos na extração de matéria prima e aumento do volume de lixo. O maior desafio da geração Millenium está em compreender que só será possível desenvolver sociedades sustentáveis se modificarmos o sistema de produção e consumo. É preciso ir contra a corrente. A mídia influencia o aumento do consumo a todo momento, nos convencendo que tudo que consumimos é necessário para nossa sobrevivência, e pior, fazendo acreditar que as pessoas só têm valor se tiverem poder de consumo. Quem não tem, é excluído. A obsolescência programada, termo que indica a inutilização de um produto lançado no mercado em um tempo curto de forma proposital, nos estimula a comprar novamente e aumenta o descarte de resíduos. Com o aumento da população mundial, o agronegócio e a urbanização ganham força, promovendo fragmentação de diversos *habitat* e sua completa degradação, gerando impactos imensuráveis. Junto a isso, ainda não sabemos o que fazer com o lixo que produzimos e como tratá-lo de forma a evitar as consequências provocadas por ele. Nesse cenário, ainda se inclui a emergência e reemergência de doenças infecciosas que estão diretamente relacionadas ao impacto antrópico no ambiente. É necessária uma mudança de comportamento que vise à revisão da forma de consumo, produção, alimentação e intervenção no ambiente promovida por nossa geração, que será capaz de mudar os rumos do planeta. Acredito que só há uma forma de fazer isso: cooperação e educação. Será impossível promover essa mudança de forma individual, precisamos do esforço de toda a população. Da mesma forma, somente por meio da educação será possível convencer essa população de que tal esforço é imprescindível.

Apesar das questões apontadas e dos grandes desafios que ainda temos para resolver, o mundo é melhor. E isso só foi possível porque fomos capazes de sermos melhores. Acredito que fomos escolhidos pela "força superior da natureza" para sermos responsáveis por tornar o mundo melhor. Como reflete Richard Dawkins, dentre as infinitas possibilidades de vida, com o conjunto de possibilidades permitidas por nosso material genético, somos nós que estamos aqui. Isso nos torna seres de sorte, e carregamos uma responsabilidade imensa. Se biologicamente somos todos apenas uma das possibilidades de combinação de material genético, o que nos diferencia dos outros animais é como nos moldamos: somos "um conjunto de DNA" que se forma em um meio social, político, econômico, histórico e cultural. Portanto, para sermos humanos melhores é imprescindível que todos esses aspectos sejam refletidos, não só o biológico. Eu sou meus 46 cromossomos e dependo dos 46 cromossomos de outros, bem como de todos os seres vivos, elementos naturais, para que possa fazer parte desse grande contexto em que estou inserida, chamado meio ambiente. Uma pequena mudança significativa em mim pode mudar os rumos da história inteira, pois somos uma rede única. Somos feitos de átomos, como as estrelas; de macromoléculas, como os seres microscópicos; de glândulas mamárias e cuidado parental, como os mamíferos; e de linguagem e convivência social, como só os *Homo sapiens* desenvolveram. Somente nós temos a capacidade de nos tornarmos melhores e transformar a geração subsequente. O mundo é melhor porque somos melhores. O maior desafio da nossa geração é oferecer os subsídios para que a próxima seja melhor. A vocação natural de qualquer ser humano é se tornar melhor e fazer o mundo melhor. A defesa da vida, em todas as suas formas, é tema central para existência das gerações futuras e deve permear esse processo de desenvolvimento.

Partiu mudar o mundo?

Marcus Vinícius Barão Rocha (Marcus Barão) nasceu em 1988. Hoje, é vice-presidente do Conselho Nacional de Juventude da Presidência da República.

Propósito: Ser um líder que impacta e transforma vidas. Ser feliz e fazer outros felizes.

Carta para os Líderes do Futuro

Eu me considero uma pessoa abençoada. Nos últimos anos, tive a oportunidade de viver muitas experiências diferentes, conhecer milhares de pessoas novas, viajar muito e, principalmente, aprender coisas valiosas, elementos fundamentais para o meu processo de amadurecimento e que fizeram de mim uma pessoa melhor.

Sou apaixonado pelo que faço e estou comprometido com o que ainda está por vir. Porém, basta começar a refletir sobre a minha trajetória e rapidamente me recordo de que nem sempre foi assim, que muitas vezes não tem sido fácil ou gostoso e que ainda tenho muito "chão pela frente" para completar o ciclo da vida e a realização do meu propósito.

Eu quero ser verdadeiro com você. O fato é que não existe caminho fácil, sem desafios ou derrotas, mas certamente, mesmo com momentos difíceis, a vida ainda é repleta de oportunidades empolgantes. Não pense que será lendo um livro, assistindo a um filme ou palestra, participando de eventos ou consultando um guru que encontrará o "caminho das pedras". Não acredito em soluções mágicas ou em um caminho certo para o "sucesso". Nestes lugares você encontrará inspiração e certamente poderá aprender muito, mas é importante dizer que o poder de mudança está inteiramente em suas mãos e a sua vida será o que você quiser fazer dela. A forma como se lida com isso é que faz toda a diferença. Você pode passar a vida inteira reclamando e dizendo que os outros tiveram mais sorte do que você, ou pode tomar a decisão de viver intensamente cada momento da sua vida e encarar de frente os desafios que ela lhe propõe.

Em um dos discursos mais inspiradores que eu já vi, Steve Jobs fala para um grupo de formandos da Universidade de Stanford. Aqueles jovens haviam concluído seus estudos em uma das melhores universidades do mundo e agora davam início a uma nova etapa de suas vidas. "Stay hungry, stay foolish", ele diz ao encerrar o seu discurso. "Sejam famintos, sejam tolos" é, de fato, uma mensagem poderosa. É sobre se manter com fome de aprendizado e ávido por conhecer e viver o que é novo, mas em momento algum perder a sua humildade e a ingenuidade para procurar.

O discurso por inteiro é fabuloso, mas o que realmente me marcou de maneira bastante profunda foi a sua reflexão a respeito da morte. Isto pode até parecer trágico, mas de fato me trouxe grandes aprendizados sobre a vida. Para Jobs, lembrar que um dia ele iria morrer foi a forma que encontrou para fazer grandes escolhas na vida. "(...)Todas as expectativas alheias, todo o orgulho, todo o medo de falhar, essas coisas simplesmente evaporam frente à morte, restando apenas o que é realmente importante". Foi baseado neste pensamento que ele adotou o hábito de, em todas as manhãs, colocar-se diante do espelho e perguntar: "Se fosse meu último dia de vida, eu desejaria fazer o que farei hoje?". Quando a resposta foi "não por dias demais", ele soube que precisava mudar algo.

E se Hoje Fosse o Último Dia da Sua Vida?

Esta carta não é uma "receita de bolo" ou um conjunto de verdades absolutas. Ela é um convite para se lançar em uma jornada virtuosa de aprendizado, autoconhecimento e realização. Uma jornada de consciência sobre a vida, na qual não se é coadjuvante, mas sim protagonista da sua própria história.

Foi confrontado por um convite como este que eu iniciei um processo de mudança tão intenso que, depois dele, jamais fui o mesmo. Uma mudança tão forte que fez de um menino com problemas disciplinares – e que por conta de seus delitos chegou a ficar diante de um juiz da vara infanto-juvenil – um jovem que sonha e trabalha todos os dias para ser um líder que impacta e transforma vidas e que, hoje, tem a oportunidade de compartilhar este mesmo convite com você.

Talvez tudo isso pareça grande demais, e sinceramente foi exatamente o que eu senti quando, por volta dos meus 15 anos, comecei a refletir sobre isso. Talvez você não saiba por onde começar ou até se ache muito velho para uma nova mudança. Se algo parecido com isso já passou alguma vez pela sua mente, eu quero que você saiba que nada disso importa e que a mudança é realmente possível.

Por Onde Eu Começo?

Comece pelo que você tem. Comece agora.

Uma das mais respeitadas pesquisadoras atuais do campo do empreendedorismo, Saras Sarasvathy, tornou-se conhecida por meio de sua teoria *Effectuation*, na qual ela basicamente explica por que empreendedores são empreendedores. "Trabalhe com o que se tem" é um dos princípios fundamentais de sua teoria e, para deixar claro este princípio, ela faz uma comparação bastante interessante com a preparação de uma comida. Na lógica tradicional você seguiria uma receita previamente determinada e testada. Na lógica da teoria do *Effectuation*, simplesmente você abre a geladeira, vê o que tem e decide, na hora, o que vai fazer com o que tem.

Não defendo uma vida sem planejamento ou direção, muito pelo contrário. Nem mesmo esta teoria defende isso. A proposta central é que, em vez de você começar a sua jornada empreendedora gastando um tempo excessivo com o futuro, com o que você deveria ou gostaria de fazer, que você consiga olhar para você mesmo e, a partir desta experiência de autoconhecimento, comece a agir.

Uma boa e simples maneira de fazer este exercício é respondendo a três perguntas básicas:

1. **Quem eu sou?**

   Qual é a minha história, meus sonhos, minhas paixões, meus medos, minhas fraquezas e meus desejos.

2. **Quem eu conheço?**

   De quais redes, grupos e projetos eu já participei. Quem faz coisas interessantes, coisas que eu não sei fazer, que eu gosto ou que eu gostaria de fazer.

3. **O que eu sei?**

   Que conhecimentos eu tenho e quais são as minhas habilidades.

Faça testes, crie protótipos, acerte, erre e aprenda sobre si mesmo. Essa é uma excelente oportunidade para conectar os pontos e começar a desenhar o caminho para a sua jornada.

Viva pelo Propósito

Compreender e viver o seu propósito faz toda a diferença e é um exercício para a vida. Se por um lado é importante começar com o que se tem, por outro, para que intensifique a sua jornada, é fundamental refletir sobre o "**PORQUÊ**". Essa é uma das reflexões que Simon Sinek trata quando fala de seu "Círculo Dourado". Sinek percebeu que líderes e organizações inspiradoras pensam, agem e se comunicam de maneira semelhante. O círculo dourado funciona em três níveis:

O QUE: Ele diz que toda pessoa no planeta sabe o que faz;

COMO: Que algumas pessoas sabem como fazem e como as coisas funcionam;

POR QUE: Mas que poucas pessoas sabem por que fazem o que fazem, o que realmente as motiva.

Qual é o seu propósito? Por que você existe? Por que você sai da cama todos os dias pela manhã? O que realmente faz com que você se sinta vivo?

A primeira vez em que fui questionado sobre qual era o meu propósito, eu sinceramente fiquei sem uma resposta clara, mas aquela pergunta despertou em mim uma curiosidade desconfortável o suficiente para que eu iniciasse um dos processos mais virtuosos que já vivi e que pretendo levar até o fim. Aos poucos este entendimento amadurece e a velocidade com que isso acontece passa a depender única e exclusivamente da intensidade com que você se lança nesta mesma jornada.

Quando se vive por um propósito maior, as coisas ganham um novo significado. Cada elemento da sua vida passa a cumprir uma função no seu caminho de autoconhecimento e aprendizado, inclusive as dificuldades. É uma mudança de paradigma fundamental para que você consiga ser a melhor versão de você mesmo e possa ampliar o seu impacto.

Evolua

Você pode acelerar este processo, torná-lo mais rico e mais divertido. Certa vez, um *trainee* de uma empresa júnior me perguntou o que ele deveria fazer para se tornar presidente da sua empresa. A minha resposta foi bastante simples e direta: "Leia mais, escute mais, converse mais, dedique-se mais, experimente mais, aprenda mais". Se você quer fazer algo maior, seja uma carreira brilhante, um projeto de impacto, uma família mais feliz ou a realização do seu propósito, você precisa estar comprometido com isso.

Dez mil horas de dedicação apaixonada. Foi este o padrão que Malcolm Gladwell identificou na trajetória daqueles que foram considerados gênios pela humanidade. Sem dúvida, eles foram talentosos, mas o compromisso com aquilo que amavam fazer e a disciplina para se tornarem melhores foi, de fato, o que os diferenciou dos demais.

Você está realmente comprometido com a sua jornada e com o seu propósito? Então, arregace as mangas e mãos à obra!

Construa um Legado

Legado é deixar algo de valor por onde se passa. Eu quero encerrar esta carta dizendo que você pode fazer a diferença por onde passar durante a sua vida.

Cerca de dois mil anos antes de Steve Jobs, Malcolm Gladwell ou qualquer outra pessoa que eu tenha mencionado até aqui nascer, um homem, no final de sua vida, escreveu uma carta para um jovem líder chamado Timóteo. Carregada de conselhos e experiências, esta carta traz consigo uma mensagem impactante. O escritor da carta se chamava Paulo e ele estava preso em Roma, prestes a ser executado. Diante de seu fim, ele escreve: "(...) o tempo da minha partida está próximo. Combati o bom combate, acabei a carreira, guardei a fé".

Em um primeiro momento eu não consegui compreender como era possível escrever algo deste tipo na situação em que ele se encontrava, mas ao parar para refletir, tudo ficou mais claro. "**Combati o bom combate**", ele entregou o seu melhor em tudo o que fez. "**Acabei a carreira**", ele fez tudo o que tinha para fazer. "**Guardei a fé**", ele viveu essencialmente por aquilo em que acreditava, o seu propósito. O que ele fez e as palavras que escreveu perduraram pelos anos e impactaram a vida de milhões de pessoas pelo mundo. Poucas coisas são tão boas quanto este sentimento de realização e plenitude.

Por fim, os nossos valores e atitudes nos levarão a impactar a vida de pessoas das quais nós jamais saberemos os nomes. Está tudo conectado, nós fazemos parte de um verdadeiro ecossistema global. Compreender a interdependência das coisas e escolher de maneira consciente construir um legado é o que faz de você uma pessoa diferente, um verdadeiro agente de mudança. Seja feliz, faça a diferença!

Conclusão

Vivemos esperando o dia em que seremos melhores
Melhores no amor, melhores na dor, melhores em tudo
Jota Quest

Como diz Leonardo Boff, cada ponto de vista é visto de um ponto. Mais que apresentar meus pontos de vista, este livro teve, como principal objetivo, apresentar o que pensam alguns ilustres representantes da geração Millenium sobre alguns temas que consideramos relevantes a partir da vivência de cada um deles.

Refletimos que, para os empresários, líderes, gestores e profissionais de Recursos Humanos e educadores é preciso estar atento às mudanças e conhecer o que pensam as novas gerações para que saibamos lidar e, com eles, participarmos das transformações. São novos paradigmas culturais e um *mindset* diferenciado que requer, por parte das organizações, novas estratégias e modelos de gestão, adoção de novas maneiras de planejar e gerenciar carreira, perceber que o propósito, maior nível de autonomia e aprendizado contínuo são importantes fatores de motivação, além da aplicação de tecnologias que favoreçam a conexão e troca de conhecimentos, entre outros aspectos. Todos precisamos nos reinventar.

Uma pesquisa global realizada pela Deloitte em 2017 aponta que parte importante é a mudança de estruturas organizacionais hierárquicas para modelos mais flexíveis, de forma que o trabalho seja realizado em equipes. A organização do futuro é uma "rede de equipes". As principais empresas são construídas em torno de sistemas que incentivam equipes e indivíduos a se encontrar, compartilhar informações de forma transparente e transmiti-las de equipe para equipe, dependendo da questão a ser abordada. Essa capacidade de se mover entre equipes sem risco é um atributo crítico das empresas de alto desempenho de hoje.

Com relação à liderança, o relatório menciona que, para avançar, as empresas precisam se concentrar na construção de uma nova mentalidade que recompense inovação, experimentação, aprendizagem e pensamento de design centrado no cliente. Competências como negociação, resiliência e pensamento sistêmico são cada vez mais requeridas pelas empresas inovadoras, mas, de modo especial, para serem eficientes e eficazes devem ter um alto grau de inteligência de rede, conhecer o que está acontecendo em toda a sua empresa, em toda a indústria e em todo o mercado de clientes.

As organizações estão clamando por líderes mais ágeis, diversos e mais jovens, além de novos modelos de liderança que capturam a "maneira digital" para gerir negócios. Esse novo tipo de líder deve entender como construir e liderar equipes; manter as pessoas ligadas e envolvidas e impulsionar uma cultura de inovação, aprendizagem e melhoria contínua e ser, de fato, transformador. Para isso, precisa desenvolver habilidades interdisciplinares e pensar de forma diferente, atuar de forma diferente e reagir de forma diferente. As dimensões cognitiva, emocional e espiritual estão interligadas. Os líderes precisam ser íntegros e integrados.

A pesquisa destaca que empoderar as pessoas para tomar decisões e confiar em redes de interações não significa que as pessoas não sejam mais responsáveis pelos resultados. De fato, um objetivo de uma rede ágil é usar a definição de metas para suportar o sucesso. Em equipes, a responsabilidade torna-se mais transparente. As metas e métricas individuais e de equipe devem ser compartilhadas para que todos possam ver. A sensação de responsabilidade que isso pode criar é fundamental para a eficácia da equipe e da corporação.

Temos observado que as *startups* e grandes empresas de tecnologia estão investindo e criando inúmeros aplicativos e ferramentas que facilitam a colaboração, o compartilhamento de informações e o trabalho em equipe. A inteligência artificial e a robotização estão cada vez mais presentes nas empresas, facilitando muitos processos, mas, por outro lado, trazendo alguns desafios, como o aumento do desemprego em alguns setores e outros aspectos de natureza ética.

Os pesquisadores da Deloitte entendem que hoje há um novo foco nos "aspectos das pessoas" do trabalho. Enquanto as tarefas estão sendo automatizadas, as partes "essencialmente humanas" do trabalho estão se tornando mais importantes. Habilidades como empatia, comunicação, persuasão, serviço pessoal, resolução de problemas e tomada de decisão estratégica são mais valiosas do que nunca. Afirmam os pesquisadores que, enquanto alguns dramatizarão os impactos negativos da Inteligência Artificial – AI, da computação cognitiva e da robótica, essas poderosas ferramentas também ajudarão a criar novos empregos, aumentar a produtividade e permitir que os trabalhadores se concentrem nos aspectos humanos do trabalho. Isso abre outra questão de design: como as empresas conseguem o maior valor total por meio da automação, ao mesmo tempo em que equilibram as consequências destas decisões a curto e longo prazo para a sua organização e para a força de trabalho? Esse é um assunto que precisa ser aprofundado por todos.

O que mais interessa aos millennials é a possibilidade de aprender e avançar utilizando o máximo de suas potencialidades para criar, inovar e contribuir com resultados mais significativos. Para isso, querem feedbacks frequentes e trabalho com propósito.

Diz o relatório da pesquisa que, em um mundo digital com maior transparência e a crescente influência dos millennials, eles esperam uma experiência de trabalho que seja produtiva, envolvente e agradável. Fornecer esse tipo experiência ajudará as empresas a conseguir atrair e manter empregados qualificados, o que também impulsionará uma forte experiência do cliente.

Constatamos maior consciência de cidadania e respeito pela diversidade – gênero, orientação sexual, gerações, estrangeiros, religiões, cor e pessoas com deficiência –, e as lideranças, especialmente as mais jovens, percebem a importância da inclusão para a aquisição de talentos e a marca de uma empresa. As empresas devem alinhar sua abordagem com as expectativas dos millennials sob pena de perder valiosos talentos. A experiência tem revelado que equipes diversas e inclusivas são mais inovadoras, comprometidas e criativas em seu trabalho. Além do impacto que isso gera em termos de reputação, imagem e o próprio envolvimento dos colaboradores com as questões de direitos humanos e justiça social.

Independente das convenções estabelecidas para as gerações, ainda que se passem outras tantas – a geração Z, os Centennials já estão aí –, há algo que considero essencial: como cada um de nós se percebe frente aos desafios que esses cenários nos colocam, porque, a qualquer tempo na história, seremos sempre chamados a contribuir para que o mundo seja melhor, e que seja para todos e não apenas para alguns. Isso que nos leva a refletir sobre os nossos objetivos, ou melhor, sobre nosso propósito de vida e como investimos nosso tempo – recurso tão precioso – e como nos relacionamos com cada pessoa. No final de tudo, é sempre isso que importa.

Por isso, ao finalizar este livro, convido você a prestar atenção nesta história:

Conta-se que, um dia, um imperador decidiu que, se ele soubesse as respostas para três questões, ele sempre saberia o que fazer, não importasse o quê. Então, ele mandou anunciar em todo o seu reino que, se alguém pudesse responder às suas três perguntas, ele daria uma grande recompensa. Assim, seus emissários saíram perguntando por toda a parte:

- Quando é o melhor tempo para se fazer alguma coisa?
- Quem é a pessoa mais importante?
- Qual é o objetivo mais importante?

Quando retornaram, apresentaram muitas respostas para o imperador, mas nenhuma o satisfez. Finalmente, ele mesmo decidiu viajar para uma montanha e visitar um eremita que lá vivia. Talvez ele soubesse as respostas.

Quando lá chegou, o imperador imediatamente fez as três perguntas. O eremita, que estava capinando o seu jardim, ouviu atentamente e retornou ao seu trabalho sem dizer sequer uma palavra. Como o eremita continuava a capinar, o imperador percebeu o quanto aquele estava cansado e lhe disse:

– Aqui, me dê a sua enxada. Eu vou capinar e o senhor pode descansar um pouco.

Depois de capinar por muitas horas, o imperador também sentiu o cansaço. Ele pôs a enxada de lado e disse:

– Se o senhor não pode responder às minhas questões, tudo bem. Basta me dizer que eu vou embora.

De repente, o eremita apontou para as árvores e perguntou:

– Vossa Majestade ouviu alguém correndo?

E então apareceu um homem cambaleando com as mãos sobre o estômago. Quando o eremita e o imperador se aproximaram, ele desmaiou. Abrindo sua camisa, viram que ele tinha um corte profundo. O imperador logo limpou a ferida usando sua própria veste para estancar o sangue. Quando recobrou a consciência, o homem pediu água. O imperador correu até o riacho e lhe trouxe água. O ferido bebeu e dormiu.

O eremita e o imperador carregaram o homem para a cabana e o deitaram na cama do eremita. Já era noite e o imperador, muito cansado, ajeitou-se por ali e também dormiu.

Na manhã seguinte, quando o imperador acordou, ele viu o homem ferido em pé na sua frente, murmurando:

– Perdoa-me!

– Perdoar você? – disse o imperador, sentando-se imediatamente. – O que você fez que necessita do meu perdão?

– Vossa Majestade não me conhece, mas eu o tenho considerado como o meu pior inimigo. Durante a última guerra, Vossa Majestade matou meu irmão e roubou minhas terras. Então eu jurei vingança dizendo que iria matá-lo. E, de fato, ontem eu estava em uma emboscada, esperando Vossa Majestade retornar para casa para eu matá-lo. Esperei muito tempo, mas, por alguma razão, Vossa Majestade não retornou. Quando eu deixei meu esconderijo para procurá-lo, seus guardas me encontraram, me reconheceram, me atacaram e me feriram. Sangrei muito e se Vossa Majestade não tivesse me ajudado, eu certamente teria morrido. Eu tinha planejado matá-lo e, em vez disso, Vossa Majestade salvou minha vida. Estou envergonhado e muito agradecido. Por favor, me perdoe.

O imperador, atônito, disse:

– Eu sou agradecido por seu ódio ter acabado. Perdoe-me também. Agora que escutei sua história, peço-lhe que me perdoe pela dor que causei. Guerra é uma coisa terrível. Eu lhe perdoo e devolvo todas as suas terras. De agora em diante, seremos amigos.

Depois de orientar seus guardas para levar o homem para casa, o imperador retornou para o eremita, dizendo:

– Devo ir agora. Vou continuar minha peregrinação por todo lugar procurando respostas para as minhas questões. Espero algum dia encontrá-las.

O eremita riu e disse:

– Suas questões já foram respondidas, Majestade!

– O que você está dizendo? – Exclamou surpreso o imperador.

O eremita explicou:

– Se Vossa Majestade não tivesse me ajudado a capinar o meu jardim ontem, atrasando o seu retorno, certamente teria sido atacado no caminho de volta para casa. No entanto, o tempo mais importante foi o tempo em que capinou o meu jardim. A pessoa mais importante fui eu, a pessoa com quem estava, e o objetivo mais importante era simplesmente me ajudar. Depois, quando o homem ferido chegou, o tempo mais importante foi o tempo dedicado para cuidar da sua ferida, de outro modo, ele teria morrido e Vossa Majestade teria perdido para sempre a oportunidade de perdoar e fazer uma nova amizade. Naquele momento ele era a pessoa mais importante, e o objetivo mais importante era tratar da sua ferida. O presente momento é o único momento – disse o eremita. A pessoa mais importante é sempre a pessoa com quem estamos, e o objetivo mais importante é fazer a pessoa que está ao seu lado feliz. O que poderia ser mais simples ou mais importante?

O imperador curvou-se em gratidão para o velho eremita e partiu em paz.

Que todas essas reflexões que nós propusemos nestas páginas ajudem a todos a trabalhar para que o mundo seja, cada vez mais e de fato, melhor para todos! Como disse Jesus: "Para que todos tenham vida e a tenham em abundância! " (Jo 10,10).

Dados Técnicos:

• Formato:	14 x 21 cm
• Mancha:	11 x 18 cm
• Fonte:	OptimaLTStd
• Corpo:	11
• Entrelinha:	13
• Total de Páginas:	176
• 1ª Edição:	2017